Sue Relf · Bibel-Fix

Instant-Produkte – ist das nicht was für Leute, die einfallslos und wahrscheinlich auch ein bisschen faul sind? Mag sein, zumindest, was das Kochen angeht. Doch wer kreativ ist, nimmt das Vorgefertigte als Grundstock für etwas Eigenes (in der Küche wie in der Jungschar oder bei der Familienfreizeit). Und manchmal fehlt einem ja nur der Einstieg, die spezielle Kleinigkeit, die aus einer »normalen« Andacht etwas Besonderes macht, oder eine originelle Veranschaulichung. Für solche Situationen ist dieses Buch geschrieben worden. Ein Ideenschatz, von dem man sich gerne auf die Sprünge helfen lässt.

Sue Relf ist zusammen mit ihrem Mann seit vielen Jahren in der kirchlichen Kinder- und Jugendarbeit, in Schulen, Bibelgruppen und bei Freizeiten tätig. Sie hat zwei erwachsene Kinder und lebt in Eastbourne, Südengland.

Beate Hille ist Realschullehrerin in Stuttgart. Zuvor war sie eine Reihe von Jahren hauptamtlich in der Schülerarbeit der Studentenmission in Deutschland (SMD) tätig.

Sue Relf

Bibel-Fix

99 Kinderandachten

Bearbeitung von Beate Hille

R. BROCKHAUS

Die englische Originalausgabe erschien
unter dem Titel: »100 Instant Children's Talks«
bei Kingsway Publications Ltd, Eastbourne, England

Übersetzung und Bearbeitung der deutschen Ausgabe:
Beate Hille

RBtaschenbuch Bd. 548

3. Auflage 1998

Umschlag und Textillustrationen: Dietmar Reichert, Dormagen
Gesamtherstellung: Breklumer Druckerei Manfred Siegel KG
ISBN 3-417-20548-4
Bestell-Nr. 220 548

Dieses Buch ist gedruckt auf 100 % Recyclingpapier

INHALT

Teil 1: Basics 7

Teil 2: Gott der Vater 25

Teil 3: Jesus 47

Teil 4: Der Heilige Geist 63

Teil 5: Die Bibel 75

Teil 6: Die Gemeinde 87

Teil 7: Das Leben als Christ 99

Teil 8: Besondere Tage 131

Bibelstellenregister 143

Teil

Basics

Der sprechende Himmel

Biblischer Bezug: Psalm 19,1-4; Römer 1,20

Zielgedanke: Jeder Mensch kann Gottes Größe erkennen, wenn er den Sternenhimmel anschaut.

Material: Vier Sprechblasen, die aus Karton oder Tonpapier ausgeschnitten und mit folgenden Aufschriften versehen werden:

Gott ist groß	Gott ist herrlich
Gott ist wunderbar	Gott ist mächtig

»Hat irgendjemand von euch schon mal den Himmel sprechen gehört?«

Du gehst an ein Fenster, schaust raus und hältst die Hand hinter dein Ohr, als ob du sehr genau zuhören würdest. Dann erzählst du den Zuhörern, dass du den Himmel laut und deutlich sprechen hörst.

»Wer errät, was der Himmel sagt?« – Lass jemanden Psalm 19,1-4 aufschlagen und vorlesen. Nun zeigst du deine Sprechblasen und bittest vier Freiwillige, sie hochzuhalten und dabei laut zu wiederholen, was der Himmel sagt.

Während ein Tag vergeht, wird die Botschaft, dass Gott herrlich und großartig ist, von einem Ende der Welt bis zum anderen verkündet. Jeder Bewohner der Erde kann den Himmel am Tag und in der Nacht sehen, und tief innen hat jeder Mensch eine Ahnung davon, dass es Gott gibt und dass er groß ist.

»Könnt ihr jetzt die Botschaft des Himmels hören, wenn ihr zu ihm hochschaut?«

Zum Schluss wiederholst du die vier Sätze noch mal und lässt alle mitsprechen.

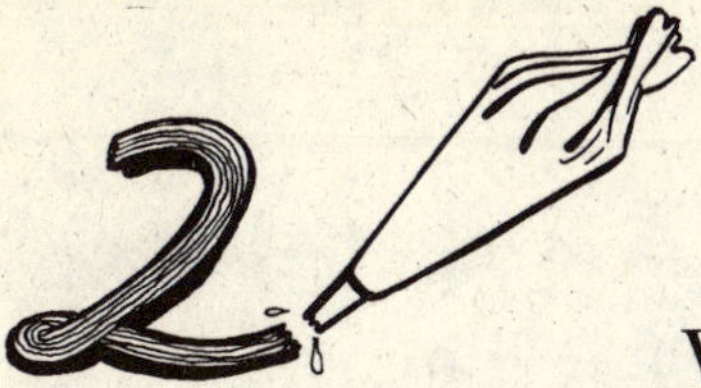

Wie wachsen Pflanzen?

Biblischer Bezug: Markus 4,26-29; Philipper 1,6

Zielgedanke: Gottes Reich wächst unter allen Umständen.

Material: ein Tablett mit Blumenerde und eine Tüte Samenkörner

Du zeigst den Kindern die Samenkörner. Sprecht über ihre Größe und Form.

»Was ist nötig, damit aus ihnen etwas wächst?«

Samenkörner brauchen unbedingt Erde, Feuchtigkeit und Licht. Und trotzdem besitzen diese allein nicht die Kraft, die Samen aufgehen und wachsen zu lassen. Samenkörner wachsen, weil Gott Lebenskraft in sie hineingelegt hat.

Schaut euch gemeinsam das Gleichnis an, das Jesus in Markus 4 erzählt. Jesus vergleicht das Reich Gottes mit dem Wachstum solcher Samenkörner. Wir wissen nicht, wie es geschieht, aber Gottes Saat, die in unsere Herzen gesät wird, wächst und wächst.

Gott hat seinem Reich Lebenskraft gegeben, die dafür sorgt, dass es unter allen Umständen wächst.

Schau' innen rein!

Biblischer Bezug: 1. Samuel 16,7; Matthäus 23,27

Zielgedanke: Gott macht sich Sorgen um das Herz eines Menschen und ist nicht an der äußeren Erscheinung interessiert.

Material: Leih dir so viele edle, vornehme schwarze Aktenkoffer wie möglich aus, packe in jeden eine durchsichtige Plastiktüte mit unappetitlichem Inhalt (z.B. eine matschige Tomate, einen angebissenen braunen Apfel, einen völlig zerkrümelten Keks usw.), außerdem brauchst du eine alte, abgestoßene Aktentasche, in die du eine Brieftasche steckst.

Du hältst einen kurzen Vortrag über edle Aktenkoffer und den Eindruck, den sie vermitteln, und tust so, als hättest du dir schon immer einen solchen gewünscht. Vergleiche die Qualität der ausgeliehenen Koffer und trage jeden ein paar Meter, wobei du sehr wichtig und zufrieden mit dir selbst aussehen solltest.

Mach dich lustig über den alten Aktenkoffer.

Nun öffnest du die Koffer reihum und verziehst angewidert das Gesicht, wenn du den jeweiligen Inhalt zum Vorschein bringst. Du nimmst schließlich den alten Koffer zur Hand und äußerst die Erwartung, dass da wohl erst recht nichts Interessantes drin sein könne. Öffne ihn und entnimm die Brieftasche mit großem Erstaunen. Wer hätte das gedacht?

Etwas wirklich Wertvolles in einem alten Koffer wie diesem? Daran können wir sehen, wie der äußere Schein trügen kann.

Nach welchen Äußerlichkeiten – Kleidermarke, Aussehen, Fahrrad, Haarschnitt, Auto – beurteilen wir andere?

Lies oder erzähle die Geschichte aus 1. Samuel 16. Gott ist weder beeindruckt noch abgestoßen von der äußeren Erscheinung.

Das Geheimnis liegt in der Erde

Biblischer Bezug: Lukas 8,5-15

Zielgedanke: Was wirklich zählt, ist unsere innere Einstellung, unsere Offenheit Gott gegenüber.

Material: Vier Blumentöpfe - einer mit trockener, fest gedrückter Erde, der nächste gefüllt mit Steinen, die von einer hauchdünnen Schicht Erde bedeckt werden, der dritte mit einer Pflanze und einer voll mit guter, lockerer Blumenerde; außerdem einige Samenkörner.

Du erzählst das Gleichnis vom Sämann (Lukas 8,5-15) und demonstrierst anhand der Blumentöpfe nach und nach, wohin die Körner fielen.

Nun erzählst du das Gleichnis ein zweites Mal und erklärst dabei, für welche innere Haltung der jeweilige Blumentopf steht.

Es ist wichtig, dass wir von klein auf offene und ansprechbare Herzen haben, damit die Samenkörner - das sind Gottes Worte - in uns wachsen können und viel Frucht bringen.

Hör gut zu

Biblischer Bezug: Hebräer 1,1-2; 3,7; Psalm 19,1-4

Zielgedanke: Wenn Gott redet, müssen wir gut zuhören.

Material: Kassettenrekorder und Kassette mit beliebigem Musikstück, kurzes Gedicht

Beginne mit einem Gespräch über Hörtests.

»Wer hat schon mal einen gemacht? Welche unterschiedliche Arten von Tests gibt es?«

Kündige einen Hörtest für alle an. Zuerst spielst du das Musikstück vor (30 Sekunden reichen). Anschließend liest du sofort das Gedicht vor.

»Wie viele von euch haben voll konzentriert auf das Musikstück gehört, ohne dabei auch nur einen Moment lang in Gedanken abzuschweifen?«

Bitte um Handzeichen und ermutige die Testteilnehmer, ganz ehrlich zu sein. Dann sollen diejenigen die Hand heben, die während des ganzen Gedichtvortrags voll konzentriert zugehört haben.

»Wie viele haben sowohl während der Musik als auch während des Gedichts pausenlos zugehört? Wer hat bei beidem nicht richtig zugehört?«

Selbst wenn unsere Ohren perfekt funktionieren, kann es sein, dass wir nur sehr wenig hören!

Gott hat uns »geistliche Ohren« gegeben. Diese »Ohren« befinden sich in unserem Herzen, in unserem Verstand und in unserem Gewissen. Gott möchte zu uns sprechen und es ist ganz wichtig, dass wir sorgfältig und mit offenen »inneren Ohren« zuhören.

Frage die Kinder nach Beispielen, was Gott wohl sagen könnte.

»Kann jemand eine Erfahrung erzählen, wie Gott gesprochen hat?«

Erzähle möglichst auch selbst von einer eigenen Erfahrung.

Es ist traurig, dass viele Menschen Gott gegenüber »abgeschaltet« haben und so nie ein Wort von ihm hören können. Deshalb: Ohren »anschalten« und gut zuhören, wenn Gott redet!

Möglich oder unmöglich?

Biblischer Bezug: Lukas 18,24-30; Matthäus 6,24

Zielgedanke: Es ist unmöglich, gleichzeitig an Gott und am Besitz zu hängen.

Material: eine Nähnadel, ein Stück Seil oder Kordel

»Kann jemand gut Nadeln einfädeln?«

Wenn ein Freiwilliger sich gemeldet hat, erklärst du ihm die Aufgabe, das Seil in die Nähnadel einzufädeln.

»Kann sich jemand daran erinnern, in welchem Zusammenhang Jesus über das Einfädeln gesprochen hat?«

Gib die Stelle aus Lukas 18 wieder: Ein Kamel soll durch ein Nadelöhr gezwängt werden. (Weil du kein Kamel auftreiben konntest, hast du ein Seil mitgebracht!) Womit vergleicht Jesus diese Situation?

Sprecht über die Gründe, die reiche Leute davon abhalten könnten, mit Jesus zu leben. (Trotzdem hat Jesus gesagt, es sei nicht unmöglich!)

Du erklärst den Kindern, warum viel Besitz Menschen davon abhalten kann, zu Gott zu kommen und ganz für ihn zu leben.

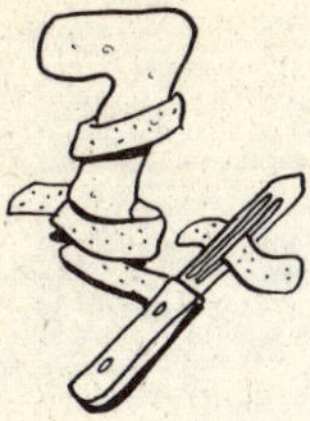

Fleck bleibt Fleck

Biblischer Bezug: Römer 3,23; Lukas 18,9-14

Zielgedanke: Alle sind Sünder und brauchen Vergebung.

Material: Ein weißes Hemd oder T-Shirt mit einem großen (wasserlöslichen!) Tintenfleck vorne, so angebracht, dass er einerseits durch einen Arm oder Schal verdeckt werden und andererseits deutlich gezeigt werden kann.

Sprich über irgendein belangloses Thema, z.B. das Wetter und lass irgendwann den Fleck erscheinen, doch so, als wüsstest du nichts von seiner Existenz. Unterbrich dein Reden und frage, was los ist.

Wenn du auf den Fleck aufmerksam gemacht wirst, dann tu so, als wäre er ganz unbedeutend, da er relativ klein ist und das restliche Hemd völlig sauber.

»Das meint ihr doch auch, oder?«

Nun erklärst du, wie Sünde unser ganzes Leben verdirbt, selbst wenn wir sie für ganz unbedeutend halten. Es ist nicht gut, sie vertuschen zu wollen oder einfach so zu tun, als sei sie nicht vorhanden.

Erzähle oder lies die Geschichte vom Pharisäer und Zöllner in Lukas 18,10-14.

Der einzige Weg, mit Gott ins Reine zu kommen, ist, unsere Sünde zuzugeben und um Vergebung zu bitten.

Die himmlische Party

Biblischer Bezug: Lukas 15,1-10

Zielgedanke: Gott ist begeistert, wenn Menschen zu ihm zurückfinden.

Material: ein kleiner, wertvoller Gegenstand, wie z.B. ein Ehering (oder auch Modeschmuck), der vorher irgendwo außerhalb des Raumes versteckt wird

Du erzählst aufgeregt, dass du deinen Ring verloren hast. Schildere möglichst glaubwürdig, wie und wo das passiert sein könnte, und bitte die Kinder, eine große Suchaktion zu starten. Gemeinsam geht ihr nach draußen. Vielleicht weist du darauf hin, wo du überall gewesen bist.

Wenn der Ring schließlich gefunden wird, solltest du sehr begeistert und außer dir vor Freude sein!

Nun folgt der Hinweis auf die beiden ganz ähnlichen Geschichten, die Jesus vor 2000 Jahren erzählt hat. Bitte zwei Kinder, die Geschichten vom verlorenen Schaf und von der verlorenen Münze vorzulesen.

»Wollte Jesus wirklich über Schafe und Münzen sprechen?«

Nein, er sprach über Menschen wie dich und mich!

Diese Geschichten verdeutlichen uns, wie sehr Gott jeden einzelnen Menschen liebt und schätzt. Es ging nicht um irgendeine alte Münze und irgendein Schaf aus einer riesigen Herde, die verloren gegangen waren, sondern um ganz spezielle, einzigartige und wertvolle.

Jesus erzählt, dass die Engel im Himmel ein Freudenfest feiern, wenn wir Menschen von unseren eigenwilligen Wegen umkehren und ihm nachfolgen.

Dasselbe gilt für jeden Einzelnen von uns, der sein neues Leben mit Jesus beginnen möchte.

»Stell dir vor: eine große himmlische Party speziell für dich oder mich!«

9 Was nützt ein schmutziger Fetzen?

Biblischer Bezug: Jesaja 64,5; Lukas 10,27; Römer 3,22-23

Zielgedanke: Gott nimmt mich nicht an, weil ich gute Werke vorweisen kann. Ich brauche unbedingt seine Vergebung.

Material: ein ausrangiertes Hemd, das mit vielen Flecken und Löchern versehen wird

Du berichtest stolz, dass du dich in der vergangenen Woche besonders angestrengt hast, ein sehr guter Mensch zu sein. Du hast z.B. einmal freiwillig abgetrocknet, in der Kirche zwei Mark gespendet, einer alten Frau die schwere Tasche getragen usw. Dafür wirst du ein besonderes Geschenk erhalten!

In diesem Moment bringt dir jemand, den du eingeweiht hast, eine Plastiktüte. Du greifst mit großer Erwartung hinein und holst das Hemd mit wachsender Enttäuschung heraus. Zieh es über.

»Wie schrecklich! Soll das die Belohnung für meine guten Taten sein? Da muss ein Irrtum vorliegen.«

Nun liest ein Mitarbeiter Jesaja 64,5 vor.

In Gottes Augen sind unsere guten Werke wie schmutzige Fetzen. Durch sie wird unser Leben nicht besser. Gott möchte nämlich, dass wir Folgendes tun: Lies Lukas 10,27.

Wir sollen in einer vollkommenen Beziehung mit ihm selbst und auch mit allen anderen Menschen leben. Das schaffen wir nicht!

Woran können wir sehen, dass unsere Beziehungen nicht vollkommen gut sind?

Meine guten Taten ändern daran nicht viel. Sie können das eigentliche Problem nicht lösen, denn sie können Sünde nicht beseitigen. Deshalb werden sie mit einem schmutzigen Fetzen verglichen, in dem wir vor Gott nicht erscheinen können.

Betone, dass gute Taten an sich großartig sind, aber dass der einzige Weg, mit Gott ins Reine zu kommen, Vergebung heißt. Wenn wir an Jesus glauben und von ihm Vergebung erhalten, dann gehören wir zu Gottes Familie.

Lest Römer 3,22-23.

Total verändert

Biblischer Bezug: 2. Korinther 5,17

Zielgedanke: Wenn ein Mensch anfängt, Jesus zu vertrauen, beginnt für ihn ein völlig neues Leben.

Material: eine komplette zweite Garnitur Oberbekleidung

Unter deine normale Kleidung ziehst du die zweite Garnitur an, die möglichst im krassen Gegensatz zu deinem gewohnten Kleidungsstil stehen sollte. Diese untere Schicht darf nicht zu sehen sein. Zusätzliche Accessoires wie Hut, Sonnenbrille, Handschuhe und andere Schuhe können in einer Tasche mitgebracht werden, um später das neue Outfit zu ergänzen.

Zunächst trittst du deprimiert auf und erklärst, dass du die Nase voll hast von deinem Leben. Sprich über deine schlechten Charaktereigenschaften und die unglücklichen Umstände, in denen du steckst.

Plötzlich trifft dich ein Geistesblitz. Du verkündest stolz, dass du beschlossen hast, dich zu verändern. Du wirst ein völlig neuer Mensch werden. Du beginnst, dich langsam auszuziehen und wirfst die obere Schicht Kleidung weg. Nun vervollständigst du dein neues Outfit durch die Gegenstände in der Tasche.

»Wie findet ihr mein neues Ich? Ist das eine echte Veränderung?« – Nichts außer den Kleidern hat sich verändert. Du bist noch genau dieselbe Person.

Die Bibel erzählt uns in 2. Korinther 5,17 etwas ganz Erstaunliches: Wer zu Jesus gehört, ist ein neuer Mensch! Jesus verändert uns von innen heraus, wenn wir ihm unser Leben anvertrauen. Diese Veränderung ist echt und bleibend.

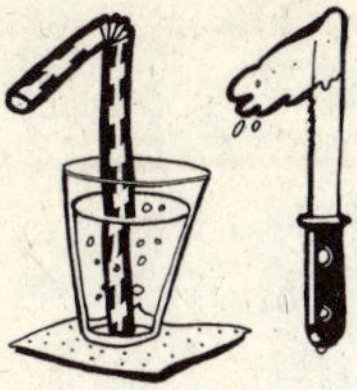

Gut ausgerüstet?

Biblischer Bezug: Markus 8,34; Matthäus 13,44-46

Zielgedanke: Jesus nachzufolgen ist immer wichtiger als mich an eigene Bedürfnisse oder Interessen zu klammern.

Material: ein kleiner Koffer, Jacke, Schal, Geldbeutel, Brieftasche, eine bekannte Musik-CD, ein Familienfoto, ein Fan-Utensil eines Fußballclubs

Du kündigst an, dass du zur großen Reise deines Lebens aufbrichst. »Kann jemand erraten, wo es hingeht?«

Nein, nicht nach Disneyland, auch nicht in den Dschungel Afrikas oder nach Australien, das Ziel ist noch viel großartiger: der Himmel!

Du erzählst den Kindern, dass du gerade dein Ticket erhalten hast und praktisch auf dem Weg zum Flughafen bist.

Die Kinder schauen zu, wie du den Koffer packst und laufend erklärst, warum jeder einzelne Gegenstand so wichtig ist und wozu du ihn unbedingt brauchst. (Wähle ruhig einige zusätzliche Gegenstände aus, die besonders typisch für dich sind.) Wenn alles drin ist, machst du den Koffer zu.

Du erzählst, dass man dir zwar gesagt hat, dass du überhaupt nichts mitbringen sollst, weil alles, was du brauchst, vorhanden sei. Trotzdem bist du überzeugt, dass es mit dem kleinen Koffer schon klargehen wird.

Nun ziehst du Mantel und Schal an und begibst dich zu einem imaginären Eincheckschalter (ein Tisch). Du tust so, als würdest du mit einem Flughafenangestellten sprechen und drehst dich dann zu den Kindern um mit völlig erschrecktem Gesichtsausdruck. Man hat dir gesagt, dass du nicht durchgelassen wirst, es sei denn, du lässt den Koffer zurück.

Wäge nun laut ab, was dafür und was dagegen spricht. Wie könntest du ohne deine Lieblingsmusik leben? Kannst du wirklich auf dein Geld verzichten?

Unterstreiche die Schwere der Entscheidung und deine Unschlüssigkeit, indem du den Koffer mehrmals in die Hand nimmst und dann wieder absetzt. Nach einer Weile stellst du den Koffer hin und gehst schnell los. Man kann deine Kommentare noch hören: »Ein Fensterplatz, toll! Und Jesus wird selbst neben mir sitzen? Das ist ja großartig. Und ich hätte das fast verpasst.«

Nichts zum Fürchten

Biblischer Bezug: Psalm 49; Johannes 11,25

Zielgedanke: Jeder muss sterben. Jesus ist der Einzige, der den Tod besiegt.

Material: Todesanzeigen aus der Zeitung

Du liest eine der Anzeigen langsam vor und machst dabei Bemerkungen wie: Ich würde gerne wissen, ob der reich war. Wie hat der wohl gelebt? Der hat aber viele Angehörige!

Ein bis zwei weitere Anzeigen kommentierst du ebenfalls, zum Beispiel: Die ist aber alt geworden! Die muss aber eine wichtige Person gewesen sein, bei solch einer großen Anzeige!

Jeden Tag gibt es solche Anzeigen in unserer Zeitung. Wie fühlt ihr euch, wenn ich sie vorlese?

Jeder von uns wird eines Tages sterben, genau wie diese Leute. Es kann sein, dass es noch sehr lange dauert. Aber irgendwann sind wir »dran«.

Nun liest du einige ausgewählte Verse aus Psalm 49 vor.

Trotzdem brauchen wir uns nicht zu fürchten. Jesus hat den Tod besiegt! Für die Menschen, die an ihn glauben, ist der Tod wie eine Türschwelle zum ewigen Leben.

Schlagt gemeinsam Johannes 11,25 auf und lest diese Stelle.

Der »Mega-Urlaub« des Lebens

Biblischer Bezug: Offenbarung 4; 7,9-14; 21,1-4; Johannes 14,2-3

Zielgedanke: Der Himmel ist ein herrlicher Ort.

Material: Urlaubsprospekte von traumhaften, exotischen Zielen

Du beginnst von Auslandsreisen und Urlaubszielen zu schwärmen. Lies aus den Prospekten vor, was möglichst großartig klingt: kilometerlange Sandstrände, großartige Sportmöglichkeiten, traumhafte Unterbringung usw.

Diese Prospekte sollen uns Appetit machen und unsere Sehnsucht nach solchen Urlaubszielen wecken. (Manchmal fühlen sich Urlauber von der Wirklichkeit, die sie dann erleben, betrogen.)

Einige Teile der Bibel sind wie ein Reiseprospekt. Wir bekommen durch sie einen Eindruck davon, wie es im Himmel ist. Auf das, was die Bibel verspricht, können wir uns hundertprozentig verlassen. Wenn man vom Himmel liest, erscheinen die tollsten Urlaubsziele dieser Erde ziemlich blass und langweilig.

Lies ausgewählte Bibelverse vor, um »den Appetit anzuregen«.

Teil

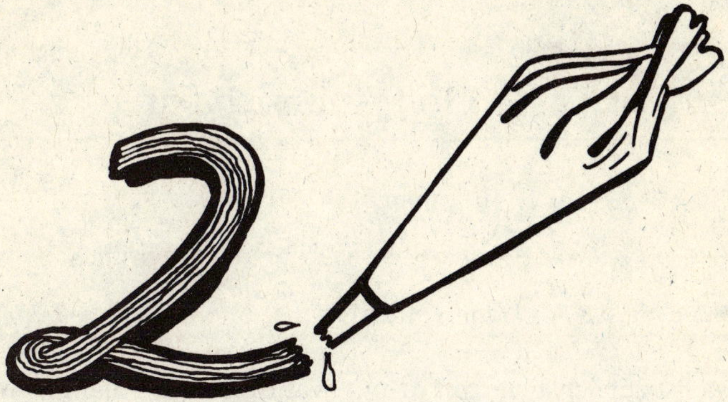

Gott der Vater

Gott ist unsichtbar

Biblischer Bezug: 1. Timotheus 1,17; Römer 1,20

Zielgedanke: Gott ist nicht sichtbar, aber er ist wirklich.

Material: Blasebalg oder Ventilator

Du stellst zunächst einige Fragen: Was ist Luft überhaupt? Wo ist sie? Wozu brauchen wir sie? Was wiegt sie? Mit welchem unserer Sinne nehmen wir sie wahr?

Wir müssen Luft nicht erst sehen, um zu wissen, dass sie da ist. Sie ist unsichtbar, aber das ändert nichts an ihrer Wirklichkeit. Obwohl wir Luft nicht sehen können, ist ihre Auswirkung sichtbar. Wir wissen, dass wir ständig Luft ein- und ausatmen. Wenn wir die Hand auf den Brustkorb legen, können wir die leichte Bewegung unserer Lungen, die sich füllen und wieder leeren, spüren. Und trotzdem ist uns die meiste Zeit nicht bewusst, dass wir von Luft umgeben werden und atmen.

An manchen Tagen ist es sehr windig (Ventilator einschalten). Dann nehmen wir die Luft bewusst wahr. Doch auch bei Windstille zweifeln wir nicht, dass sie da ist. Wir wissen es doch.

Manchmal scheint Gott sehr still zu sein und wir sehen nichts von seinem Handeln. Vielleicht fragen wir uns dann, ob es ihn wirklich gibt. Er ist auch dann da. Er wird immer da sein. Manchmal tut er ganz große Dinge und wir sehen die Auswirkungen sehr deutlich.

»Wo können wir große Auswirkungen von Gottes Handeln entdecken?«

1 x 3 = 1

Biblischer Bezug: Johannes 14,8-20

Zielgedanke: Gott ist einer und gleichzeitig ist er drei.

Material: ein Eiswürfel (evtl. in Thermoskanne), elektrischer Wasserkocher (der bereits so viel Wasser enthält, dass das Heizelement bedeckt ist), ggf. Verlängerungskabel, eine Tasse

Zunächst gibst du den Kindern einige Informationen über Wasser (zum Beispiel aus einem Lexikon für Kinder). Dann wirfst du den Eiswürfel in den Wasserkocher und erhitzt das Wasser, bis Dampf austritt. Gieße nun etwas von dem Wasser in die Tasse.

Wasser, Eis und Dampf sind genau derselbe Stoff, aber sie sind jeweils auch völlig verschieden und eigenständig.

Durch die Bibel erfahren wir, dass Gott selbst drei Personen ist. Man kann sich das schlecht vorstellen, aber er ist Gott der Vater, Gott der Sohn und Gott der Heilige Geist. Jede dieser Personen ist unterschiedlich und eigenständig. Doch jede ist Gott. Vielleicht können wir uns Gott mit Hilfe von Wasser, Eis und Dampf besser vorstellen? Gott ist einer und gleichzeitig ist er drei.

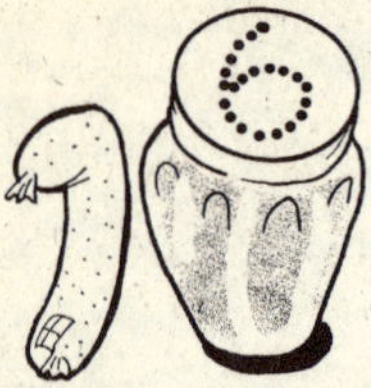

Der riesige Gott und wir Winzlinge

Biblischer Bezug: Matthäus 10,29

Zielgedanke: Gott ist unendlich mächtig und groß.

Material: ein großer runder Luftballon (ein zweiter als Ersatz) und eine getrocknete Erbse

Zwei Freiwillige blasen den Ballon auf und knoten ihn zu. Du nimmst den Ballon in die eine Hand und die Erbse in die andere.

»Wie groß ist einer von euch im Vergleich zu dem Raum, in dem wir uns befinden?«

Das Kind entspricht der Erbse, der Raum dem Ballon.

»Und wenn wir nun den Raum mit unserer Stadt vergleichen, dann wird der Raum die Erbse.«

Nun führst du die Vergleichsreihe fort – Ort und Bundesland, Bundesland und Deutschland, Deutschland und die Erde, Erde und Sonne, Sonne und Sonnensystem, Sonnensystem und Milchstraße und schließlich Milchstraße und Universum.

Erinnere die Kinder immer wieder an den Beginn der Vergleichsreihe – ein Kind verglichen mit dem Raum, in dem wir uns befinden. Der Größenunterschied wird immer extremer. Schließlich vergleichst du das Universum mit Gott, der es geschaffen hat. Das Universum entspricht der Erbse und Gott dem Ballon.

Unglaublich, wie groß Gott ist und wie winzig ich selbst bin. Doch er liebt mich und sorgt für mich, obwohl ich nur so groß wie ein winziges Staubkorn bin.

»Wenn ihr euch mit einem kleinen Spatzen vergleicht, wer ist die Erbse, wer der Ballon?«

In Matthäus 10,29 sagt uns Jesus, dass Gott es sogar bemerkt, wenn ein kleiner Spatz zur Erde fällt. Wie sorgt er dann erst für uns!

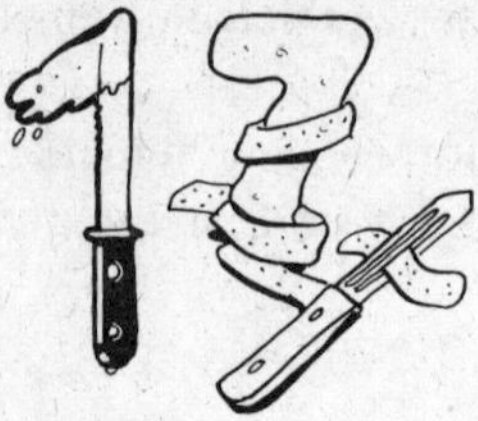

Gott ist ein Genie

Biblischer Bezug: 1. Mose/Genesis 1,1; Psalm 104,24

Zielgedanke: Gott hat die Welt mit unglaublichem Einfallsreichtum und phantastischer Kunstfertigkeit gemacht.

Material: Den unteren Teil einer leeren Geschirrspülmittel-Flasche abschneiden (ca. 15 cm hoch), Klebstoff, buntes Seidenpapier, Zeitungspapier als Unterlage, Blumen, die nach Fertigstellung in die Vase gesteckt werden können.

Du zeigst den Kindern die halbe Plastikflasche, das Seidenpapier und den Klebstoff. Das sind genau drei Dinge, aus denen man zum Beispiel eine Vase herstellen kann. Die Kinder können sicher erraten, wie das gehen soll. (Seidenpapier in Stücke reißen und dann willkürlich auf die Außenseite der Flasche kleben.)

Bestimmt finden sich 2-3 Freiwillige für diese Bastelarbeit.

Während sie aktiv werden, erklärst du, dass Gott ebenfalls nur drei Materialien gebraucht hat, und zwar nicht, um ein Ding herzustellen, sondern um das ganze Universum zu erschaffen. Er hat drei mikroskopisch kleine Bausteine entworfen und gemacht und diese dann ganz genial immer wieder neu kombiniert. So hat er durch seine Kraft und Kunstfertigkeit alles erschaffen, was wir sehen können.

Das ist wirklich wahr. Die drei Bausteine sind Protonen, Neutronen und Elektronen. Jedes einzelne Atom, egal welcher Art, besteht aus diesen drei Bausteinen in jeweils unterschiedlicher Kombination. Atome selbst sind so klein, dass sie, wenn man eine Billion von ihnen aneinander reiht, gerade mal einen Zentimeter lang sind. Entsprechend winzig sind Protonen, Neutronen und Elektronen.

Zeige ein paar Gegenstände im Raum und frage, woraus sie bestehen: aus Protonen, Neutronen und Elektronen. Sonst nichts.

Wenn die Bastler mit ihrer Vase fertig sind, stellst du die Blumen hinein. Auch diese wunderschönen Blumen bestehen aus Trillionen von Protonen, Neutronen und Elektronen.

Gott ist ein Genie!

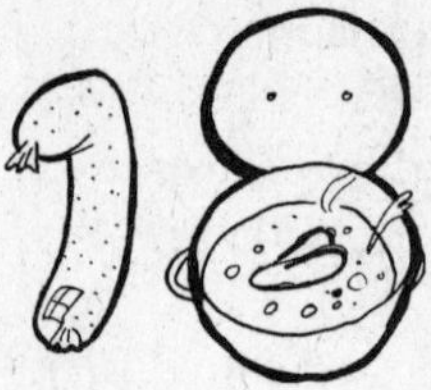

Gott hat jedem einen Namen gegeben

Biblischer Bezug: Psalm 147,4-5; Jesaja 40,26

Zielgedanke: Gott ist viel größer, als wir ihn uns vorstellen können.

Material: –

»Welcher der Planeten ist der Erde am nächsten?« Die Sonne natürlich.

»Zu welcher Galaxie gehört die Sonne und wir auf der Erde?« Zur Milchstraße.

»Weiß jemand, aus wie vielen Sternen die Milchstraße besteht?« Etwa 100.000 Millionen. Unglaublich!

Natürlich ist die Milchstraße nur eine von vielen Galaxien. Mit Hilfe der stärksten Teleskope kann man mehrere tausend Millionen Galaxien erkennen, die sich in alle Richtungen erstrecken. Niemand weiß, wo sie aufhören, da man auch mit leistungsstarken Teleskopen nicht unendlich weit sehen kann. (Außerdem kann ab einem gewissen Entfernungspunkt das Licht der Sterne die Erde nicht mehr erreichen.)

Es gibt also mehrere tausend Millionen Galaxien, jede mit Millionen von Sternen. Und vielleicht Millionen mehr, die wir nicht sehen können.

Was sagt Psalm 147,4-5? Kannst du das glauben? Gott allein kennt die Zahl der Sterne und ruft jeden einzelnen mit Namen!

Vers 5 eignet sich gut als gemeinsam gesprochenes Gebet.

Das weiß kein Mensch, nur Gott

Biblischer Bezug: Psalm 139

Zielgedanke: Gott kennt jeden von uns bereits seit dem Tag unserer Zeugung. Er kennt unsere Gedanken, Worte und Taten.

Material: ein Reiskorn

Du nimmst das Reiskorn zwischen Daumen und Zeigefinger und zeigst es den Kindern aus nächster Nähe.

»Wer weiß, was das ist?«

Etwa drei Wochen nach der Zeugung war jeder von uns so groß. Niemand konnte damals schon irgendetwas über uns wissen.

Lies Psalm 139,15 vor. So großartig ist Gott. Er wusste bereits alles über mich, als ich so groß war wie dieses Reiskorn!

In dem ganzen Psalm geht es darum, dass Gott uns persönlich kennt. Er kennt unsere Gedanken, Worte und Taten (Vers 7-17).

Es ist sinnlos zu versuchen, irgendein Geheimnis vor Gott haben zu wollen. Der Psalm-Schreiber tut das einzig Wahre: Er lädt Gott ein, genau hinzuschauen (Vers 23-24) und ihn zu leiten.

Lest den Psalm gemeinsam.

Versprochen ist versprochen

Biblischer Bezug: Psalm 33,1-4

Zielgedanke: Menschen versprechen oft Dinge, die sie nicht halten können. Wenn Gott etwas verspricht, dann tut er es auch.

Material: 5 Jonglierbälle, 1 Tüte Gummibärchen

»Heute werde ich euch etwas Tolles vorführen. Ich habe Jonglieren geübt und werde heute mit fünf Bällen jonglieren. Außerdem gibt es nachher ein tolles Geschenk für jeden.

Du beginnst erst einen Ball hochzuwerfen, dann jonglierst du mit zweien und möglichst auch mit drei Bällen (viel üben oder jemanden suchen, der das bereits kann).

Vielleicht wollen auch einige Kinder zeigen, dass sie es können.

»Mit drei Bällen ist es noch ziemlich leicht. Die Profis jonglieren mindestens mit vier oder fünf Bällen. Und heute werde ich euch zeigen, was ich kann. Ihr werdet staunen!«

Nachdem du dich mit viel Show postiert und konzentriert hast, nimmst du die fünf Bälle und versagst völlig, auch beim zweiten und dritten Versuch.

»Naja, ich bin heute eben nicht so gut in Form. Machen wir weiter. Was wollte ich noch?«

Die Kinder werden dich jetzt hoffentlich an das große Geschenk für alle erinnern.

Mit wiederum großen Worten holst du eine geheimnisvolle Tasche, in der die Tüte mit den Gummibärchen liegt. Lass ein

Kind mit geschlossenen Augen hineingreifen und verteile dann die Gummibärchen: für jeden eins!

»Wieso schaut ihr so? Ihr seid enttäuscht und habt völlig Recht. Ich habe so große Töne gespuckt und zweimal nicht gehalten, was ich versprochen habe.«

Nun liest du Psalm 33,1-4 vor. Gott hat immer und in jedem Fall unser begeistertes Lob verdient, denn er hält, was er verspricht. Er hat es nicht nötig anzugeben, denn er ist sowieso der Größte und Mächtigste von allen. Auf ihn können wir uns einhundertprozentig verlassen.

Was für ein Gedächtnis!

Biblischer Bezug: Lukas 12,6

Zielgedanke: Gott kennt jeden einzelnen Menschen auf der Erde mit Namen.

Material: 20 kleinere Gegenstände auf einem Tablett, eine Liste der Gegenstände, ein Tuch

Die Kinder dürfen die Gegenstände auf dem Tablett eine Minute lang anschauen und sollen sich merken, was sie sehen. Dann deckst du das Tuch darüber und lässt sie die Gegenstände aufzählen. Auf der Liste kannst du abhaken, was genannt wurde.

Ältere Kinder können das schriftlich machen. Anschließend wird (ehrlich!) ausgewertet und der Sieger ermittelt. Als Preis gibt es einen der Gegenstände.

Nun sprecht ihr ein wenig über unser Gedächtnis und die Probleme, die wir manchmal damit haben.

»Wer weiß, wie viele Menschen heute etwa auf der Erde leben?« Fast 6 Milliarden Menschen. (Evtl. ist es hilfreich, die Zahl auf ein Stück Karton zu schreiben, das ist die 6 und 9 mal die Null.)

Gott kennt jeden einzelnen Menschen mit Namen. Und nicht nur den Namen, er weiß auch alles, was jeden Einzelnen beschäftigt. Er vergisst niemals jemanden. So ein Gedächtnis müsste man haben! Gott ist großartig!

Übrigens: In Lukas 12,6 erfahren wir, dass Gottes Gedächtnis sogar noch besser ist: Er kennt sogar jeden einzelnen Spatzen (und natürlich auch die anderen Tiere)!

Keine Lieblingssorte

Biblischer Bezug: Apostelgeschichte 10,34

Zielgedanke: Gott hat keine Lieblinge.

Material: eine Tüte/Dose mit gemischten Süßigkeiten bzw. Konfekt

»Heute gebe ich mal eine Runde aus!«

Nachdem jedes Kind etwas bekommen hat, kommentierst du das Verhalten einiger: Sie waren sehr wählerisch, hatten offensichtlich eine Lieblingssorte, wollten nur das Eine und sonst keins.

Leider sind wir nicht nur bei Süßigkeiten so, wir gehen auch so mit Menschen um. Vielleicht haben wir einen Lieblingsbruder oder eine Lieblingsschwester, einen Lieblingslehrer, eine Lieblingsfreundin. Das ist auch in Ordnung. Aber stellt euch vor, wie das wäre, wenn Gott so wählerisch wäre.

Vielleicht würde ich nicht zu seinen Lieblingen zählen. Wie schrecklich!

Es ist so gut zu wissen, dass Gott anders ist. Wir können sicher sein, er liebt jeden von uns ohne Wenn und Aber. Er hat keine »Lieblingssorte« von Menschen. Das kann man zum Beispiel an Zachäus oder Saulus sehen (ggf. vertiefen).

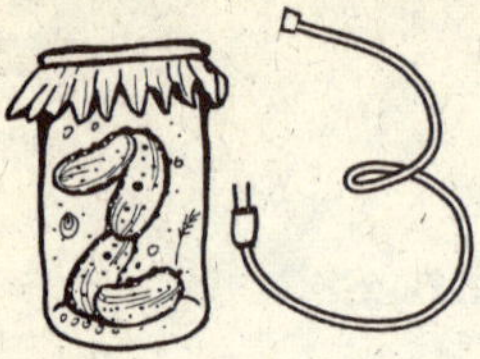

Außergewöhnlich

Biblischer Bezug: 1. Korinther 1,26-28

Zielgedanke: Gott sucht ganz gewöhnliche Leute.

Material: Eine Tüte oder Tasche mit ganz gewöhnlichen Gebrauchsgegenständen. Ganz unten in der Tasche liegt in einem Umschlag ein Zettel mit dem oben genannten Bibelabschnitt.

»Heute habe ich euch alles Mögliche mitgebracht. Hier: ein weißer, ganz normaler Trinkbecher, ein leeres Heft, ein Klebstift, ein Kuli, eine Packung Taschentücher – alles nichts Besonderes. Ganz alltäglich. Hier eine billige Schere, ein Stück Schnur, eine halb volle Packung Streichhölzer usw. Warum habe ich das alles wohl mitgeschleppt?« Wenn die Tasche leer ist, holst du den Umschlag raus und liest den Zettel erst leise und dann laut vor:

»Die Bibel sagt Dinge, die sind eigentlich unglaublich!«

Gott hat absichtlich gewöhnliche, einfache Menschen ausgesucht. Menschen, die weder etwas Besonderes sind, noch etwas Großartiges können.

»Fühlt ihr euch auch manchmal recht gewöhnlich und unbedeutend?«

Manche scheinen nie ein Spiel zu gewinnen oder nie eine tolle Note zu schreiben. Sie sind vielleicht nie die Besten und nie bei den Ersten, wenn Mannschaften gewählt werden.

Das ist genau die Sorte Menschen, die Gott ausgewählt hat, damit sie zu ihm gehören. Er hat absichtlich jeden Einzelnen von uns ausgewählt. Wir müssen weder reich sein noch Superstars, um für ihn etwas ganz Besonderes zu sein. Er liebt die ganz gewöhnlichen Menschen wie dich und mich und möchte, dass wir zu ihm gehören.

Fang an zu zählen . . .

Biblischer Bezug: Lukas 12,7

Zielgedanke: Gott kümmert sich um die, die zu ihm stehen, auf jeden Fall.

Material: –

Du bittest zwei Freiwillige, die gut zählen können, nach vorne. Sie sollen eine extrem schwierige Aufgabe lösen, mit der sogar der beste Mathematiker der Welt seine Schwierigkeiten hätte: Der eine soll die Haare des anderen zählen.

Unmöglich! Vielleicht ist ein Erwachsener im Raum, der eine Teilglatze hat. Sollten wir ihn bitten? Würde das die Aufgabe vereinfachen?

Es scheint immer noch eine unlösbare Aufgabe zu sein.

Jesus erzählte seinen Jüngern etwas Erstaunliches über Gott. Schlagt Lukas 12,7 nach.

Wenn Gott sogar weiß, wie viele Haare wir auf unseren Köpfen haben, gibt es dann irgendetwas, was er nicht weiß?

In Biologiebüchern kann man lesen, dass Dunkelhaarige durchschnittlich etwa 140.000 Haare haben und Blonde etwa 80.000.

Gott kennt die genaue Zahl bei jedem Menschen. Warum hat Jesus seinen Jüngern diese unglaubliche Tatsache erzählt? Er wollte ihnen zeigen, wie wichtig Gott sie nimmt. Und wenn Gott sogar die unwichtigen Dinge weiß, wie die Anzahl der Haare auf deinem Kopf, wie viel mehr wird er sich dann auch um alles andere kümmern können!

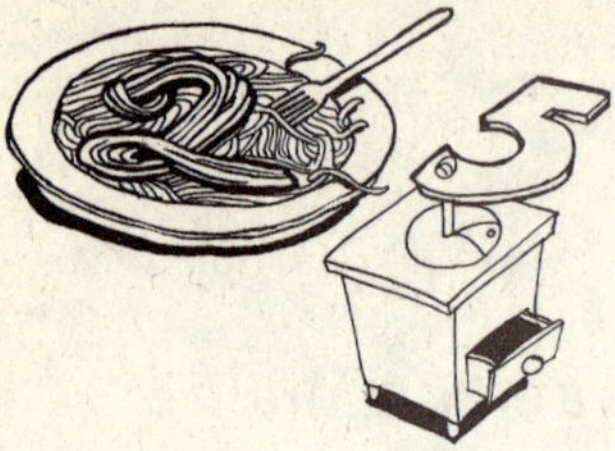

»Und nun die gute Nachricht: . . .«

Biblischer Bezug: Jesaja 40,21-26; 41,4

Zielgedanke: Gott lenkt die Geschichte der Menschen.

Material: eine Namensliste bekannter Politiker wie Bundeskanzler, Bundespräsident, Präsident der Vereinigten Staaten und andere Regierungschefs; Bibelverse auf Overhead-Folie oder einem großen Plakat

Die Folie mit den Bibelversen wird projiziert und laut vorgelesen. Hier erfahren wir, dass Gott die Geschichte in der Hand hält und lenkt.

Nun stellst du die folgenden Fragen und die Kinder antworten jeweils im Chor. Die Antwort lautet immer: »Gott, der Herr«.

»Wer thront hoch über der Erde?
Wer ist so groß, dass die Menschen für ihn klein wie Heuschrecken sind?
Wer hat das Weltall geschaffen?
Wer stürzt die Mächtigen und nimmt den Obersten die Gewalt?
Wer ist ewig?
Wer hat einen Namen für jeden Stern?
Wer erhält das Universum?
Wer macht Pläne und führt sie ohne Fehler aus?
Wer ist der Größte von allen?«

Nun geht es anhand der Liste weiter mit: »Wer hat mehr Macht als . . .« Die Kinder antworten weiter im Chor oder zur Abwechslung auch in Gruppen.

Manchmal, wenn wir Nachrichten sehen oder hören, können wir den Eindruck gewinnen, dass unsere Welt außer Kontrolle gerät. Da ist so viel Schreckliches, was uns Angst macht. Wir dürfen uns immer daran erinnern, dass Gott die Kontrolle behält.

Die verschwiegene Nachricht

Biblischer Bezug: Jesaja 40,9-11

Zielgedanke: Gottes gute Nachrichten kommen in den Schlagzeilen der Zeitung kaum vor.

Material: je eine aktuelle Tageszeitung für 2-3 Kinder, ebenso viele Scheren

Immer 2-3 Kinder erhalten gemeinsam eine Tageszeitung und die Aufgabe, irgendwelche guten Nachrichten zu finden und auszuschneiden. Nach dieser Phase werden die Überschriften der Nachrichten vorgelesen und der Inhalt von den Kindern kurz zusammengefasst. Dabei fällt auf, dass es viel schwieriger ist, gute Nachrichten zu finden als schlechte.

Nun lest ihr gemeinsam Jesaja 40,9-11. Gott wollte, dass die Menschen in Jerusalem eine gute Nachricht erfahren: »Seht, da kommt euer Gott.« Er beauftragte einen Boten, auf einen hohen Berg zu steigen und die Nachricht laut zu schreien, damit niemand sie verpasste. Das war eine Prophezeiung.

Viele Jahre später erfüllte sie sich, nämlich als Jesus geboren wurde. Sein Kommen war auch Gottes Ankunft. Trotzdem verpasste die Presse dieses großartige Ereignis, soweit wir wissen.

Doch die Botschaft von Jesus ist immer noch die Gute Nachricht. Er tut viele Wunder im Leben von Menschen. Nur können wir davon in den Zeitungen so gut wie nichts lesen. Auf der ganzen Erde wächst die Gemeinde wie nie zuvor. Doch die wirklich wichtigen Nachrichten stehen leider nicht in der Zeitung.

An dieser Stelle könnten noch einige Fakten zum weltweiten Gemeindewachstum folgen, falls sich solche in christlichen Publikationen finden lassen. (»Wusstet ihr, dass ...«)

27 Unser Papa

Biblischer Bezug: Römer 8,15-16

Zielgedanke: Gott wird unser Vater, wenn wir an Jesus, seinen Sohn, glauben. Der Heilige Geist, der in uns wohnt, gibt uns darüber Gewissheit.

Material: –

Du lässt im Gottesdienst alle anwesenden Väter, deren Kinder auch da sind, nach vorne kommen. Sie sind sozusagen das Anschauungsmaterial. Die Väter stellen sich in einer Reihe vor der Gemeinde auf.

Dann bittest du die dazugehörigen Kinder sich rechts oder links von den Vätern in einer Schlange anzustellen. Die Kinderschlange läuft dann in ca. zwei Meter Abstand langsam an der Väter-Reihe vorbei. Sobald ein Kind seinen Vater erreicht hat, soll es zu ihm gehen.

Vermutlich wird jeder Vater sein Kind mit ausgestreckten Armen empfangen, es auf den Arm nehmen, die Hand liebevoll auf den Kopf legen oder ähnliches.

Kommentiere diese Zeichen der Liebe, nachdem die Paare sich gefunden haben. Während Kinder und Väter noch vorne stehen, lässt du einen Vater die Bibelstelle vorlesen. Danach erklärst du, wie Gott unser Vater wird, wenn wir an Jesus glauben. Wir dürfen ihn dann Papa nennen, weil er kein distanzierter, sondern ein sehr liebevoller Papa für uns ist.

Manche Kinder haben keinen Papa, aber für jeden will Gott der beste Papa von allen sein.

Alles hat seine Zeit

Biblischer Bezug: Prediger 3,1-8

Zielgedanke: Gott kennt für alles den richtigen Zeitpunkt.

Material: ein Terminkalender bzw. Terminplaner; der Bibeltext auf Overhead-Folie oder als Plakat

Zunächst zeigst du den Kindern deinen Terminplaner und erklärst, wie du ihn benutzt und warum du ihn brauchst.

Gott hat Pläne für jeden von uns und natürlich wäre es äußerst spannend, einmal nachzuschauen, was da für die nächsten Monate oder auch Jahre steht. Doch das ist nicht möglich und wäre auch nicht gut.

Nun schaut ihr euch den Bibeltext als Overhead-Projektion oder Plakat an und sprecht über die einzelnen aufgeführten Zeiten des Lebens.

»Hat jemand eine dieser Zeiten schon erlebt und möchte etwas darüber erzählen?«

»Welche Zeit möchtest du lieber nicht erleben?«

Gott bestimmt, welche Zeit wann für uns gut ist. Was auch immer geschieht, wir brauchen keine Angst zu haben, denn Gott kümmert sich um uns. Er macht keine Planungsfehler. Zu jeder Zeit, in jeder Phase unseres Lebens ist er ganz nah.

29 Applaus für Gott!

Biblischer Bezug: Psalm 47

Zielgedanke: Wir können Gott loben und anbeten, indem wir begeistert Musik machen und klatschen.

Material: ein rhythmisches Lob- oder Anbetungslied auf Overhead-Folie, z.B. »Klatscht in die Hände und jauchzt« oder »Gott ist gut«; Rhythmus-Instrumente, Gitarre oder Klavier

Zuerst lernt ihr das Lied und singt es noch ohne Begleit-Rhythmen. Dann liest du Psalm 47,1 vor.

»Was sollen alle Völker tun?« – »Wieso denn klatschen?«

Der restliche Psalm nennt einige Gründe dafür, dass Gott unseren Applaus verdient.

Lest den Psalm ganz und lasst die Kinder anschließend Gründe nennen. Wir können stolz sein auf Gott. Er ist wirklich der Größte!

Nun singt ihr das Lied noch einmal. Es darf geklatscht, getrommelt und gerasselt werden. Im nächsten Durchgang verzichtet ihr auf das Singen und klatscht (trommelt, rasselt) nur den Rhythmus. Das Begleit-Instrument (Gitarre, Klavier) hilft dabei.

Diese Lob- und Anbetungszeit kann natürlich mit weiteren Liedern fortgesetzt werden.

Schreien erlaubt!

Biblischer Bezug: Psalm 33,1-3; Psalm 47,2 + 6; Psalm 81,2-4

Zielgedanke: Wenn wir Gott preisen, darf es auch mal ganz laut zugehen.

Material: Ein »Schreiometer«, d.h. ein Lautstärkenmessgerät, das aus einer runden Pappscheibe angefertigt wird. Ähnlich wie bei einer Uhr stehen außen am Rand die Zahlen 1-10. Der Zeiger ist mit einer Briefklammer befestigt.

»Schreit ihr manchmal? Wann? Wo? Und warum?«

Auf dem Schulhof geht es meist sehr laut zu. Manchmal wird sogar in den Klassenzimmern geschrien oder zu Hause im Wohnzimmer. Im Fußballstadion schreien die Fans aus Begeisterung – und im Gemeindehaus?

Du führst nun dein »Schreiometer« vor. Damit kann man messen, wie laut jemand schreien kann. Es werden fünf oder sechs Freiwillige gesucht, die einer nach dem anderen schreien sollen: »Gott ist ein großer König!« Während sie das tun, erteilst du ihnen ihre Punktzahl auf dem »Schreiometer«.

In der Bibel stehen Psalmen, die uns auffordern, für Gott ein Jubelgeschrei anzustimmen. Ist das nicht toll? Wer von Gott begeistert ist, darf ihn auch laut loben und zu seiner Ehre Krach machen.

Falls du die oben genannten Bibelverse auf Overhead-Folie vorbereitet hast, können alle zusammen sie ganz laut lesen.

Teil

Jesus

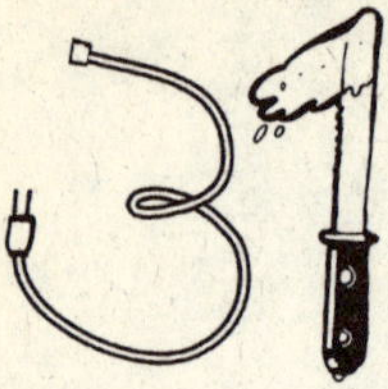

Er ist das Abbild seines Vaters

Biblischer Bezug: Johannes 14,8-9; Kolosser 1,15; Hebräer 1,3

Zielgedanke: Jesus, der Mensch, hat uns Gott gezeigt.

Material: ein großer Spiegel

»Findet ihr es schwer, an Gott zu glauben?«

»Wer fände es leichter an Gott zu glauben, wenn er ihn sehen könnte?«

So geht es vielen Menschen. Sie sagen: »Wenn ich Gott richtig begegnen und ihn sehen könnte, dann würde ich natürlich an ihn glauben.«

Einer der Jünger Jesu hatte auch dieses Problem. Philippus sagte zu Jesus (Johannes 14,8): »Zeige uns den Vater, dann sind wir zufrieden.« Die Antwort, die Jesus gab, verblüffte Philippus (Vers 9): »Wer mich gesehen hat, der hat auch den Vater gesehen.«

Nun streckst du den Kindern den Rücken zu und schaust in den Spiegel. Durch den Spiegel, so dass alle dein Gesicht darin sehen können.

Jesus war Gottes vollkommenes Abbild. Wenn wir Gott kennen lernen wollen, müssen wir so viel wie möglich über Jesus erfahren, damit unser Bild von Gott »stimmt«.

Es gibt nur einen Weg

Biblischer Bezug: Johannes 14,6

Zielgedanke: Jesus ist der Weg, um Gott persönlich kennen zu lernen.

Material: (falls vorhanden) ein Bild vom Mond und von einer Weltraumrakete

»Wie weit ist der Mond von der Erde entfernt?«

Ziemlich genau 384405 Kilometer. Wann ist der erste Mensch auf dem Mond gelandet? Im Juli 1969, mit Apollo 11. Seitdem gab es etliche weitere Mondlandungen.

Wer würde gerne selbst mal dem Mond einen Besuch abstatten? Haltet ihr das für möglich?

Der Mond ist ziemlich weit weg. Manchmal scheint Gott genauso weit weg zu sein. Vielleicht weiß ich mit dem Kopf, dass er da ist. Aber mein Gefühl sagt mir: Er ist unerreichbar. Vielleicht habe ich den Eindruck, dass nur ganz besondere Leute Gott nahe kommen können, genauso wie nur ein paar ausgewählte Menschen bisher den Mond besuchen konnten.

Gibt es denn einen Weg zu Gott? Millionen von Menschen haben ihn bereits entdeckt und er ist absolut für jeden zugänglich. Jesus sagt: »Ich bin der Weg, ich bin die Wahrheit und ich bin das Leben, ohne mich kann niemand zum Vater kommen.«

Wenn wir diesen Weg gehen wollen, müssen wir Jesus glauben und unser ganzes Vertrauen auf ihn setzen. Das kann jeder, der es sich wünscht.

Das Licht der Welt

Biblischer Bezug: Johannes 8,12; 1. Johannes 1,5; Epheser 4,17-18; 2. Korinther 4,3-6

Zielgedanke: Menschen, die mit Jesus leben, haben das Licht. Menschen, die ohne Jesus leben wollen, tappen im Dunkeln.

Material: Ein Tuch, um die Augen zu verbinden; ein Esel aus Pappe (Rückansicht) sowie dessen Schwanz, der mit Hilfe eines Reißnagels am Esel befestigt werden muss.

Als erstes spielt ihr: »Steck dem Esel den Schwanz an«. Freiwillige versuchen mit verbundenen Augen, den Schwanz des Esels an die entsprechende Stelle seines Hinterteils zu heften. Anschließend bittest du jemanden, dasselbe ohne Augenbinde zu tun.

»Irgendjemand hat von sich behauptet, er sei das Licht der Welt. Wer war das?«

Jesus war nicht wirklich eine Lampe oder sonstige Lichtquelle.

»Was meinte er mit der Behauptung?« Das war ein enormer Anspruch. Nur der Sohn Gottes konnte so etwas sagen.

Die Bibel spricht davon, dass Menschen, die nicht an Jesus glauben, wie Menschen mit Augenbinden sind. Sie tragen sie nicht so wie die Freiwilligen eben, sondern sie haben finstere Herzen und Gedanken (Epheser 4,18).

Jesus muss uns sein Licht schenken, damit wir so leben können, wie Gott es möchte.

Es wäre schrecklich, wenn wir immer nur raten müssten was zu tun ist, damit unser Leben gelingt. Wir haben doch nur ein Leben! Wenn Jesus als das Licht in unseren Herzen leuchtet, können wir sicher sein, dass wir auf dem richtigen Weg sind.

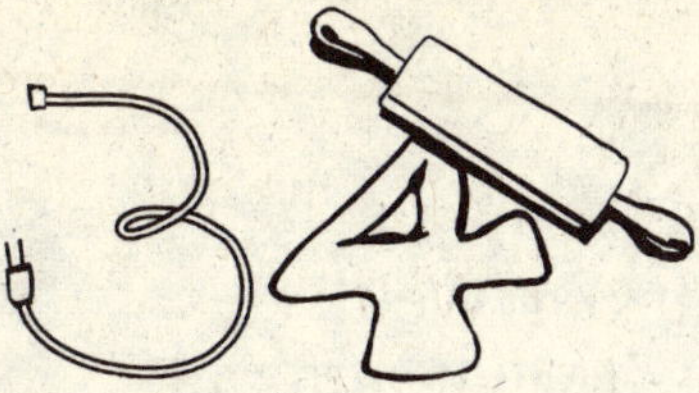

Unbezahlbar!

Biblischer Bezug: Matthäus 13,44-46

Zielgedanke: Jesus ist mehr wert als aller Reichtum der Welt.

Material: ein oder zwei persönliche »Schätze«

Pack deine Schätze aus und erzähle den Kindern, warum sie dir so viel bedeuten.

»Wer hat auch einen solchen Schatz zu Hause?«

Jesus hat zwei Geschichten über Schätze erzählt.

»Wer kennt eine davon?«

Lies das Gleichnis aus Matthäus 13 vor.

»Was bedeutet diese Gleichniserzählung?«

Das Reich Gottes ist der größte Schatz, den es gibt. Er ist so wertvoll, dass all unsere Schätze völlig bedeutungslos werden im Vergleich. Menschen, die diesen Schatz finden, d.h. die zu Jesus finden, sind bereit, auf vieles andere zu verzichten. Sie entdecken die unvergleichlich wertvolleren Schätze.

»Welche Schätze können wir bei Jesus finden?«

35

Herzlich willkommen!

Biblischer Bezug: Johannes 6,37; Matthäus 11,28

Zielgedanke: Bei Jesus ist jeder herzlich willkommen.

Material: Ein großes Stück Papier, das an einer Wand aufgehängt wird; dicke Buntstifte oder Filzstifte. Falls diese Andacht als Kurzpredigt in einem Familiengottesdienst gehalten wird, können zu Anfang die Kinder durch die Reihen gehen, jedem die Hand geben und »Herzlich willkommen!« sagen. Niemand darf dabei ausgelassen werden.

Wie die Kinder jeden willkommen geheißen haben, so macht es Jesus auch. Es gibt keinen, den er abweist. Niemanden, über den er sich nicht freut. Niemanden, mit dem er nicht reden will, und auch keinen, auf dessen Gemeinschaft er lieber verzichten würde.

Woher wir das wissen? Lies die Bibelstellen vor.

Um ihre Aussage zu verdeutlichen, hängt vorne das Plakat, auf das du nun schreibst: »Menschen, die Jesus ganz herzlich willkommen heißen«.

Während das nächste Lied gesungen wird, kann jeder nach vorne kommen und seinen Namen darunter schreiben. (Bei einer großen Zahl von Gottesdienstbesuchern kann ein Teil auch nach dem Gottesdienst unterschreiben – an entsprechender Stelle daran erinnern!)

Eine andere Möglichkeit ist, an alle Anwesenden Stifte und kleine Zettel auszuteilen, auf denen steht: »Ich freue mich über dich« – dann ein freier Platz – »Jesus«. Nun kann jeweils der Sitznachbar den entsprechenden Namen eintragen.

Kinder sind etwas Besonderes

Biblischer Bezug: Markus 10,13-16

Zielgedanke: Jesus segnet Kinder, die heute zu ihm kommen, genauso wie zu der Zeit, als er auf der Erde lebte.

Material: –

Falls diese Andacht als Kurzpredigt in einem Familiengottesdienst gehalten wird, gibt es zunächst eine kleine Umfrage. Alle Erwachsenen, die als Kinder regelmäßig zum Kindergottesdienst oder zur Kinderstunde gegangen sind, sollen die Hand heben. Einige der anwesenden Kinder zählen die Hände. Danach sollen sich die melden, die als Kinder überhaupt nichts von Jesus gehört haben. Auch sie werden gezählt. Vergleiche die beiden Zahlen.

Nun erzählst du die Geschichte aus Markus 10, die berichtet, dass Jesus die Kinder segnete, die zu ihm gebracht wurden. Betone, wie wichtig diese Kinder für Jesus waren und wie er jedes einzelne in den Arm nahm und segnete.

»Welche Bedeutung könnte dieser Segen für das Leben der Kinder gehabt haben?«

Wir erfahren nichts weiter über sie. Nicht einmal ihre Namen. Aber wir erfahren in dieser Geschichte, dass wir nicht erst erwachsen werden müssen, um Jesus zu begegnen und von ihm gesegnet zu werden.

Die Erwachsenen, die als erste die Hände gehoben haben, sind von Jesus schon sehr früh gesegnet worden, weil sie früh von ihm gehört haben. Und hier und jetzt ist er anwesend – nicht sichtbar, aber in der Kraft seines Heiligen Geistes. Er liebt Kinder immer noch und möchte sie segnen.

Wer in die Gemeinde kommt zum Gottesdienst oder auch zum Kindergottesdienst, kommt zu ihm.

»Was das wohl für Auswirkungen haben wird für euer späteres Leben? Da könnt ihr gespannt sein!«

»Ich fühl' mich schrecklich!«

Biblischer Bezug: Markus 2,17

Zielgedanke: Jesus kam, um den Menschen zu helfen, die geistlich krank sind.

Material: Krücken (wenn möglich), eine Armschlinge, Binden, Pflaster

Bevor es los geht, brauchst du jemanden, der dich präpariert: Kopfverband, Pflaster im Gesicht, Arm in der Schlinge, Fußverband etc. So humpelst du an Krücken herein. Du klagst dabei laut über Kopfschmerzen, Schmerzen im Fuß und Arm und über die vielen blauen Flecken, die deinen Körper bedecken, weil du die Treppe hinuntergefallen bist. Unglücklicherweise kannst du überhaupt keine Schmerzen ertragen und leidest deshalb fürchterlich. Ein Mitarbeiter unterbricht dich schließlich, indem er laut Markus 2,17 vorliest.

»Was meinte Jesus damit? Ist er ein Arzt?« – »Wer sind die Kranken, von denen er spricht?«

Während du deine Verbände abwickelst, erklärst du, dass Jesus dieses Bild gebraucht hat für Menschen, die wissen, dass sie innerlich in ihren Herzen krank und voller Sünde sind. Er kam, um ganz besonders diesen Kranken Vergebung und Heilung zu bringen.

Zum Schluss stellst du die Frage: »Wer weiß, dass er Jesus nötig hat?« Du solltest zuerst die Hand heben.

Wir alle brauchen diesen Arzt, der unsere sündigen Herzen heilen kann.

Die Falten sind weg!

Biblischer Bezug: Römer 3,23-26; Lukas 7,47

Zielgedanke: Jeder braucht Vergebung durch Jesu Tod, egal ob er viel oder wenig gesündigt hat.

Material: Bügeleisen (ggf. mit Verlängerungskabel), Bügelbrett, einige sehr zerknitterte Kleidungsstücke und einige nur leicht zerknitterte

Du erzählst den Kindern, dass du zur Zeit einfach nicht nachkommst mit der Hausarbeit und deshalb leider hier nebenbei noch etwas bügeln musst. Du baust das Bügelbrett auf, steckst den Stecker ein und beginnst mit einem sehr zerknitterten Kleidungsstück. Während du bügelst, kommentierst du, wie alles langsam schön glatt und ansehnlich wird. Wenn das Teil fertig gebügelt ist, zeigst du es stolz und legst es zur Seite.

Nun folgt ein wenig zerknittertes Stück und du erklärst, dass es zwar viel glatter ist als das erste, aber trotzdem gebügelt werden muss. Auch dieses Stück zeigst du nachher vor.

Bügele ruhig noch ein wenig weiter, vergiss die Kommentare über Knitterfalten nicht und erkläre dann vom Bügelbrett aus, wie Jesu Tod am Kreuz unsere Sünde »ausbügeln« musste. Manche Menschen haben die übelsten Dinge getan und brauchen ganz dringend Vergebung. Man kann sie mit den völlig verknitterten Kleidungsstücken vergleichen.

Andere Menschen wirken sehr nett und tun wahrscheinlich auch viel Gutes. Sie gleichen den Kleidungsstücken, die das Bügeleisen kaum brauchen.

Und doch haben alle Menschen Knitterfalten bzw. Schuld, die dringend ausgebügelt bzw. vergeben werden muss. Dann sehen alle gleich aus: wunderschön glatt, faltenfrei, völlig im Reinen mit Gott.

Es gibt keine »bügelfreien« Menschen. Wir alle sind Sünder, egal ob wir viel oder wenig gesündigt haben. Wie es auch immer in uns aussehen mag, wir können zu Jesus gehen und ihn bitten, dass er uns rein wäscht und unsere Sünde vergibt. Er bügelt unsere Sündenfalten völlig glatt!

Völlig rein

Biblischer Bezug: Jesaja 1,18; Hebräer 10,10; 1. Mose/Genesis 3

Zielgedanke: Jesus wäscht uns völlig rein von Sünde.

Material: Eine Glasschüssel voll Wasser, rote Lebensmittelfarbe, Bleichmittel oder Entfärber

Du erzählst die Geschichte vom Sündenfall, zeigst dabei die Schüssel mit klarem Wasser und schüttest an passender Stelle die rote Lebensmittelfarbe hinein (vorher ausprobieren!). Wenn das Wasser erst einmal rot gefärbt ist, gibt es kein Zurück.

So war es mit der Sünde. Als die Sünde in die Welt kam, war jedes menschliche Wesen davon betroffen.

Nun schüttest du noch mehr rote Farbe hinein und erklärst, dass die Sünden der Menschen immer schlimmer wurden. Es wurden unvorstellbare Taten verübt, z.B. Mord unter Brüdern.

Gott gab seine Gebote, um den Menschen zu zeigen, wie sie in guten Beziehungen untereinander und zu ihm selbst leben können. Aber die Menschen waren so böse, dass sie sich nicht daran halten wollten.

Nun liest du Jesaja 1,18 vor und schüttest dann das Bleichmittel bzw. den Entfärber in das rote Wasser.

Jesus hat sich am Kreuz völlig in unsere Sünde hineingegeben, er hat sie auf sich genommen und uns dadurch rein gewaschen.

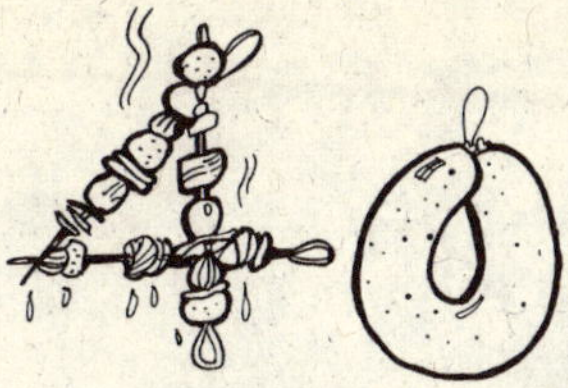

Der Auftrag ist erfüllt

Biblischer Bezug: Johannes 4,34; 19,28-30

Zielgedanke: Jesus hat den Rettungsauftrag erfüllt, als er am Kreuz gestorben ist.

Material: einige halb fertige Arbeiten wie z.B. ein Strickzeug, ein zur Hälfte gemaltes Bild, ein angefangener Brief

»Habt ihr auch halb fertige Dinge zu Hause rumliegen: Puzzles, Modellbausätze oder vielleicht Stickbilder?«

Die können am Anfang sehr spannend und vielversprechend sein, doch die Begeisterung kann auch zur Enttäuschung oder Langeweile werden, wenn die Sache nicht so schnell fertig wird, wie erwartet. Erkläre, warum deine mitgebrachten Arbeiten nur halb fertig sind.

Als Jesus auf der Erde war, hatte er einen unglaublich schwierigen Auftrag zu erfüllen. Lies Hebräer 7,26 und 27 vor.

Eine riesige Aufgabe! Er sollte derjenige sein, der als Einziger Gott und die Menschen versöhnen konnte. Sein Leben sollte vollkommen, ganz ohne Sünde sein, und dann musste er sich selbst für die Sünden der Menschen opfern und sterben. Jesus gab nicht auf. Er erfüllte den Auftrag.

Als er schließlich am Kreuz starb, hatte er alles getan, was er sollte. Jesus musste das alles tun, damit Gott uns Menschen trotz unserer Sünde wieder annehmen konnte. Wir hätten das nicht selbst geschafft. Jetzt können wir den Worten vertrauen, die er als letzte gesprochen hat, bevor er starb: Es ist vollbracht!

Und selbst dass wir an ihn, den Sohn Gottes, glauben, bewirkt Gott selbst (Johannes 6,29). Wir müssen nur annehmen, dass Jesus seinen Auftrag für uns erfüllt hat.

Er oder ich?

Biblischer Bezug: Johannes 18,39-40

Zielgedanke: Jesus ist an meiner Stelle gestorben.

Material: ein Zehn-Pfennig-Stück und ein Fünf-Mark-Stück; ein einzelnes Bonbon und eine ganze Tüte Bonbons; ein Paar teure Marken-Turnschuhe und ein Paar ganz einfache Turnschuhe; ein einzelner Legostein und eine Packung Lego oder ähnliches

»Heute können einige von euch sich etwas aussuchen.« (Wähle je ein Gegenstandspaar und ein Kind aus.) »Welches von beiden möchtest du haben?« (Vorher gut überlegen, was die Kinder behalten dürfen und was nicht!)

»Kennt ihr Barabbas?« Er saß wegen Mordes im Gefängnis, als Jesus gefangen genommen wurde.

»Falls einer von beiden freigelassen werden könnte, wen würdet ihr wählen? Barabbas oder Jesus?«

Diese Frage hat Pilatus der Menschenmenge gestellt, die vor seinem Palast auf das Urteil für Jesus wartete. Und sie stimmten für Barabbas, nicht für Jesus.

»Könnt ihr euch das vorstellen?«

Als Ergebnis dieser Abstimmung wurde Barabbas freigelassen und Jesus gekreuzigt.

Nun lässt du ein Kind nach vorne kommen.

»Stellt euch vor, dieselbe Menschenmenge könnte zwischen ihm/ihr und Jesus entscheiden. Für wen würden sie schreien?«

Egal, wer da gestanden wäre, man hätte ihn freigelassen und Jesus getötet.

An die Stelle von Barabbas kann jeder von uns seinen Namen einsetzen.

Das ist die gute Nachricht: Wir dürfen leben, weil Jesus an unserer Stelle gestorben ist.

Ächz, stöhn, seufz . . .

Biblischer Bezug: Römer 8,19.22.23; Apostelgeschichte 1,11; 1. Thessalonicher 4,16-17

Zielgedanke: Die ganze Schöpfung wartet sehnsüchtig darauf, dass Jesus wiederkommt.

Material: –

Einige Freiwillige werden gebeten, sich vorne in einer Stirnreihe aufzustellen. Nun bittest du sie nacheinander zu stöhnen oder zu seufzen und beurteilst jeweils, ob der Laut überzeugend klingt. Anschließend teilst du sie in zwei Gruppen und lässt das Publikum beurteilen, welche der Gruppen echter klingt.

»Das war gespielt. Wann stöhnen Menschen denn im wirklichen Leben?«

Die Bibel erzählt uns, dass die ganze Schöpfung Tag und Nacht stöhnt. Schlagt Römer 8 auf und lest die Verse 19 und 22.

»Versteht jemand von euch, was das bedeutet?«

Erkläre die Auswirkungen von Sünde auf die gesamte Schöpfung. Anschließend erzählst du den Kindern einige der biblischen Aussagen über die Wiederkunft Jesu.

»Könnt ihr verstehen, warum die ganze Schöpfung, ich eingeschlossen, dieses Ereignis sehnsüchtig erwartet?«

Teil

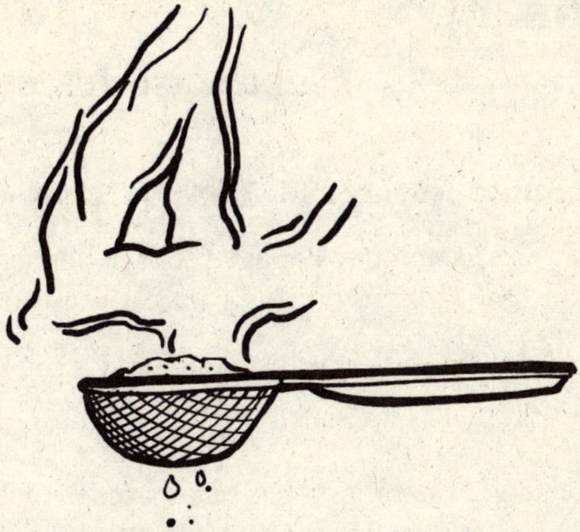

Der Heilige Geist

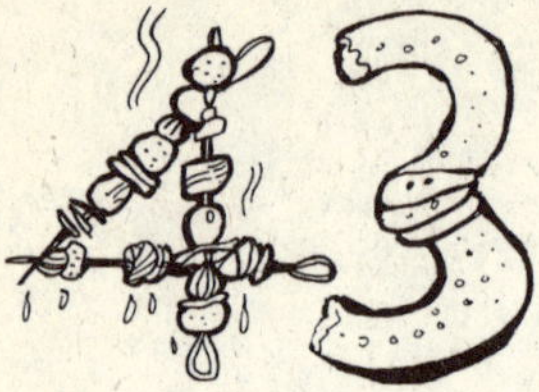

Genau wie Jesus

Biblischer Bezug: Johannes 14,16; Apostelgeschichte 16,7

Zielgedanke: Jesus und der Heilige Geist haben genau dieselbe Art.

Material: der Umriss eines Menschen auf Overhead-Folie oder auf einer Tafel

»Könnt ihr den Charakter Jesu beschreiben? Was für ein Mensch war er? Mit welchen Eigenschaften?«

Die Antworten der Kinder schreibst du entlang der Umrisslinie. Vermutlich fallen Begriffe wie: liebevoll, gut, mächtig, heilig. Falls Erwachsene anwesend sind, können sie ergänzen. Andernfalls ist es gut, den Kindern einige Hinweise zu geben, damit der Umriss möglichst ganz beschrieben wird.

Nun liest du Johannes 14,16 vor und erklärst den Zusammenhang. Jesus sagte: Der Heilige Geist vertritt Jesus, d.h. er musste dieselben Eigenschaften und dieselbe Macht besitzen wie er. Wenn der Heilige Geist da ist, ist es, als wäre Jesus selbst bei uns. Er möchte in uns wohnen und für immer bei uns bleiben. (Evtl. ist es gut, kurz auf Himmelfahrt und Pfingsten einzugehen.)

Nun wischst du die Umrisslinie weg und schreibst »der Heilige Geist« über das Wortgebilde. Der Heilige Geist hat keinen menschlichen Körper, wie Jesus ihn hatte, aber ansonsten ist er genauso wie Jesus, »von derselben Art«. Und er wird immer bei uns sein – egal, an welchem Ort wir uns befinden. Der Heilige Geist ist der Geist Jesu. Er wohnt bei den Menschen, die Jesus vertrauen.

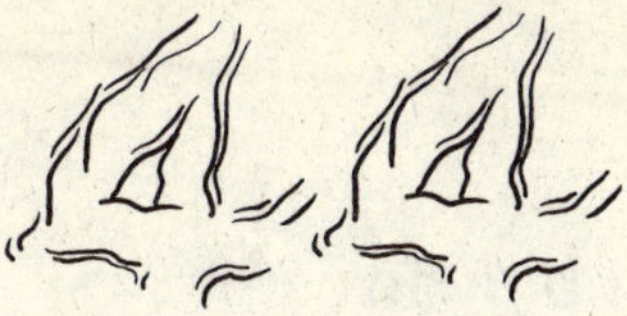

Außer Atem?

Biblischer Bezug: Römer 8,1-8

Zielgedanke: Ohne den Heiligen Geist können wir nicht als Christen leben.

Material: –

Du suchst zwei gute Langstreckenläufer aus und bittest sie nach vorne zu kommen. Sie sollen zeigen, wer von ihnen am längsten auf der Stelle laufen kann. Bevor es losgeht, gibst du einem der Freiwilligen die Anweisung, er müsse während des Laufens die Luft anhalten. Die Zuschauer können die Wettläufer anfeuern und du kommentierst ihren Erfolg.

Es ist Selbstquälerei, ohne den Atem des Heiligen Geistes als Christ leben zu wollen. Wir schaffen das nicht über eine längere Zeit. Es kostet sehr viel Kraft und wir verlieren schnell den Mut und werden unzufrieden. Es ist so, als wollten wir laufen, ohne zu atmen.

Glücklicherweise gibt es eine andere Möglichkeit: Der Heilige Geist macht uns fähig, so zu leben, wie Gott es möchte, und dabei sogar unangestrengt und ausdauernd zu sein.

»Ich bin ein Plastikbecher«

Biblischer Bezug: 2. Korinther 4,7

Zielgedanke: Gott gibt seinen wunderbaren Schatz, den Heiligen Geist, an ganz gewöhnliche Menschen.

Material: ein Plastikbecher und eine Flasche teurer Fruchtsaft

»Heute möchte ich über einen rätselhaften Bibelvers mit euch sprechen.« (2. Korinther 4,7 nach Luther vorlesen)

»Was ist das irdene Gefäß, von dem Paulus spricht? Was meint er mit dem Schatz?«

»Irden« bedeutet: »aus Erde gemacht«, d.h. aus Ton. Früher trank man aus Tonbechern. Es gab auch Metallkelche, aber die waren sehr teuer. Der normale Trinkbecher wurde aus Ton gemacht und oft nach dem Trinken einfach weggeworfen.

Heute haben wir etwas Ähnliches (den Plastikbecher zeigen). Tonbecher oder Tontassen waren völlig wertlos und wurden weggeworfen wie unsere Plastikbecher heute. (Allerdings war das ein natürlicher Stoff, der die Umwelt nicht belastete!)

Hätte Paulus diesen Vers in unserer Zeit geschrieben, würde da stehen: »Wir haben diesen Schatz in Plastikbechern.«

Während du Saft in den Plastikbecher schüttest, erklärst du, dass wir sehr gewöhnliche, einfache Menschen sein können, schwach und sündig, weder reich noch berühmt, und trotzdem eine erstaunliche Erfahrung machen dürfen: Gott kommt selbst zu uns in der Person des Heiligen Geistes. Er kommt, um in uns zu wohnen. Gott wählt für seinen Schatz keine Kristallgläser und keine Silberbecher, sondern simple Plastikbecher!

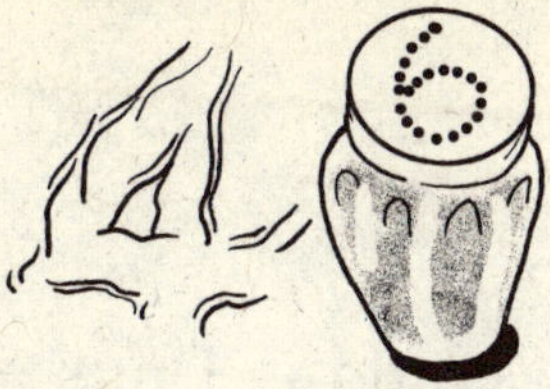

Dieses Licht hat es in sich!

Biblischer Bezug: Apostelgeschichte 2,38-39; Lukas 11,13; Matthäus 5,14-16

Zielgedanke: Jeder, der glaubt, erhält den Heiligen Geist – ohne Ausnahme.

Material: etliche (möglichst unterschiedliche) Kerzenständer, dazu einige Kerzen und Streichhölzer

Du holst einen Kerzenständer aus einer Schachtel und zeigst ihn den Kindern. »Wisst ihr, was das ist?«

Nun zeigst du den nächsten und gehst auf die Unterschiede zwischen den beiden Exemplaren ein.

»Heute zeige ich euch meine vollständige Kerzenständer-Sammlung.« Du stellst sie mit (evtl. witzigen) Kommentaren auf einen Tisch. Trotz der Unterschiede haben diese Kerzenständer alle denselben Zweck: Sie sollen Kerzen halten.

Mit uns Christen ist es wie mit diesen Kerzenständern. Äußerlich gibt es oft große Unterschiede. Es gibt junge und alte Christen, Jungen und Mädchen, stille und lebhafte.

»Wer möchte ein paar Kerzen aufstecken und anzünden?«

Während dies geschieht, erklärst du weiter. Wenn Christen wie Kerzenhalter sind, dann ist der Heilige Geist die Kerze. Nicht der Kerzenhalter gibt Licht, sondern die Kerze.

Wenn wir den Heiligen Geist in uns haben, können wir Gottes Licht verbreiten.

Übrigens ist es dem Heiligen Geist egal, wie ein »Kerzenhalter« äußerlich aussieht. Er kann in jedem Menschen wohnen.

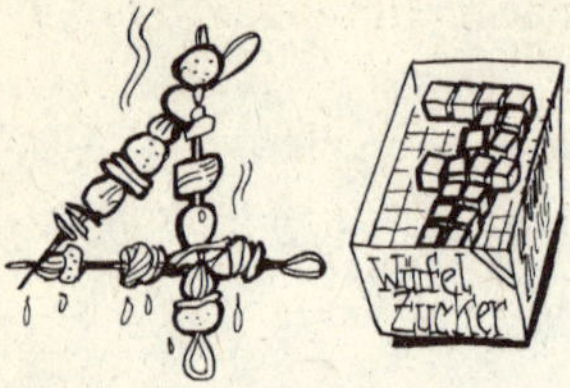

Nass bis auf die Haut

Biblischer Bezug: Lukas 5,1-11

Zielgedanke: Es ist wichtig, dass wir uns ganz für Gott öffnen und nicht versuchen, uns vor seinem Einfluss zu schützen.

Material: Schirm und Regenmantel bzw. Regenjacke

Du kommst mit aufgespanntem Schirm und im Regenmantel herein und beginnst völlig normal zu sprechen. Erzähle die Geschichte aus Lukas 5: Petrus fängt unglaublich viele Fische, als er auf Jesus hört.

Irgendwann kannst du die Kinder fragen, warum sie kichern und tuscheln.

»Ist etwas nicht in Ordnung? Ich weiß, dass ich einen Schirm in der Hand habe. Warum sollte ich das nicht tun dürfen? Und was habt ihr dagegen, dass ich meinen Regenmantel trage?«

Dann erzählst du die Geschichte ganz normal weiter.

Am Ende der Erzählung klappst du den Schirm zusammen und ziehst den Regenmantel aus.

Manche Menschen tragen in ihren Herzen unsichtbare Regenschirme. Der Grund dafür ist, dass sie nicht direkt mit Gott in Berührung kommen möchten. Wir können genauso wie Petrus insgeheim sagen: »Geh weg von mir, Jesus!«

Als Petrus das sagte, hatte er innerlich seinen Schirm aufgespannt. Aber Jesus antwortete ihm: »Fürchte dich nicht!« Er sieht mitten hinein in unsere Herzen. Er weiß, dass wir sündige Menschen sind. Er hat aber mit uns etwas vor, so wie mit Petrus.

Jesus sagte zu ihm: »Du wirst keine Fische mehr fangen, sondern Menschen für mich gewinnen.«

Gott möchte uns mit seinem Heiligen Geist erfüllen und uns gebrauchen, um alle möglichen aufregenden Dinge gemeinsam mit ihm zu tun.

Deshalb:

Hab keine Angst.

Klapp deinen Schirm zusammen.

Bitte Gott, dass er durch den Heiligen Geist in deinem Leben kräftig wirkt und du ihn »bis auf die Haut« spürst.

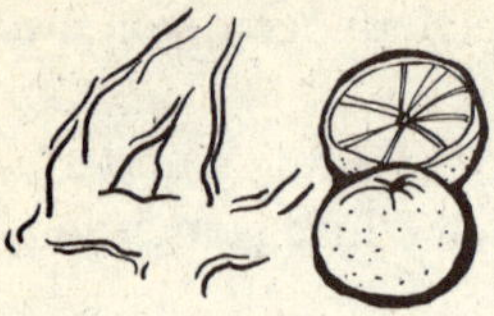

Ohne Power geht nichts

Biblischer Bezug: Apostelgeschichte 1,8

Zielgedanke: Der Heilige Geist gibt uns Kraft und macht Zeugen aus uns.

Material: Taschenlampe mit herausgenommener Batterie

Du zeigst die Taschenlampe. »Wer von euch hat auch eine Taschenlampe zu Hause?«

Sprich über Kindheitserlebnisse mit Taschenlampen – Nachtwanderungen, Lesen unter der Bettdecke etc.

Danach schaltest du die Taschenlampe ein und entdeckst, dass sie nicht funktioniert.

»Wer kennt sich mit so etwas aus und könnte mal versuchen herauszufinden, was kaputt ist?«

Ein Spezialist wird gleich bemerken, dass die Batterie fehlt.

Wir Christen haben mit Taschenlampen-Gehäusen einiges gemeinsam. Den Heiligen Geist kann man mit der Batterie vergleichen. Er macht Zeugen aus uns, wie die Batterie die Taschenlampe zum Leuchten bringt. Ein Gehäuse allein kann nicht leuchten, so sehr es sich auch anstrengen mag.

Nun lest ihr gemeinsam Apostelgeschichte 1,8. Jesus verspricht, dass zweierlei geschieht, wenn der Heilige Geist kommt: Als erstes bekommen wir Kraft. Als zweites werden wir zu Zeugen. Wenn der Heilige Geist in uns Wohnung nimmt, bekommen wir eine Kraft, die wir sonst niemals hätten. Und diese Kraft macht uns zu Zeugen. Wir werden für Jesus »leuchten«.

»Wie sieht das praktisch aus?«

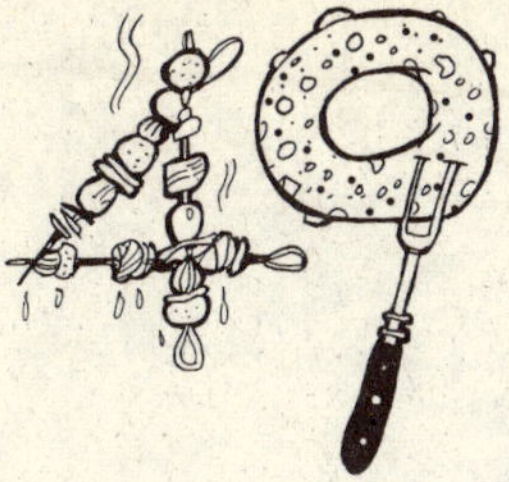

Ein besonders feines Gespür

Biblischer Bezug: Johannes 16,8; Psalm 51,3-5; 1. Johannes 1,8-9

Zielgedanke: Durch den Heiligen Geist haben Christen ein feines Gespür für Sünde.

Material: einige Kissen, die auf dem Boden aufgestapelt werden, darunter eine getrocknete Erbse

»Wer möchte sich da mal draufsetzen und versuchen herauszufinden, was unter den Kissen liegt?« – »Kennt jemand das Märchen von der Prinzessin auf der Erbse?«

Weil sie eine Prinzessin war, konnte sie beim Schlafen sogar eine einzelne Erbse unter ihren Matratzen spüren. Das ist natürlich ein Märchen. In Wirklichkeit könnte auch die Haut des empfindsamsten Menschen das nicht spüren.

Wir sind Prinzen und Prinzessinnen, weil wir Kinder des Königs aller Könige sind. Eine der Aufgaben des Heiligen Geistes ist, uns besonders empfindsam zu machen – nicht für Erbsen, sondern für Sünde wie Lügen, Eifersucht, Selbstsucht und gemeines Verhalten.

Wundert euch nicht, wenn ihr diese »Erbsen« in eurem Leben entdeckt, denn Gott möchte, dass wir zugeben, dass sie da sind, und sie dann loswerden. Loswerden können wir sie nur, wenn wir sie erkennen. Ohne den Heiligen Geist fallen sie uns kaum auf, weil wir uns an sie gewöhnt haben. Wenn der Heilige Geist uns dieses feine Gespür für Sünde gibt, können wir Jesus ähnlicher werden.

Das stinkt!

Biblischer Bezug: Galater 5,22; 2. Korinther 3,18

Zielgedanke: Der Heilige Geist arbeitet im Leben eines Gläubigen, um dessen Charakter umzugestalten.

Material: eine Schüssel mit Gemüseabfällen, eine zweite mit Komposterde, zwei Plakatkartons

»Wer von euch hat einen Komposthaufen im Garten? Was ist das? Woraus besteht er? Was ist sein Zweck?«

Du zeigst die Gemüseabfälle. Wenn man sie auf einen Haufen mit Gartenabfällen, alten Blättern, Teebeuteln, Kaffeesatz, Gras und Eierschalen wirft und einige Monate liegen lässt, geschieht eine erstaunliche Umwandlung: winzige Bakterien und Würmer machen daraus einen hervorragenden Dünger.

Nun die zweite Schüssel zeigen. Ein ähnliches Wunder geschieht im Leben von Christen. Der Heilige Geist arbeitet in uns, um wunderbare Menschen aus uns zu machen.

Du bittest ein Kind, die Schüssel mit der Komposterde hoch zu halten, und lässt ein anderes Galater 5,22 vorlesen.

Die genannten Begriffe schreibst du auf das erste Plakat. Das ist das Endprodukt.

Nun hältst du die Schüssel mit den Abfällen hoch und forderst die Kinder auf, die Ausgangssituation zu benennen.

Schreibe die gegenteiligen Begriffe entsprechend auf das zweite Plakat.

Der Heilige Geist kann aus meiner Ungeduld Geduld machen, aus Streit Frieden, aus Hass Liebe usw.

Wir schaffen es nicht selbst, uns zu ändern, nur der Heilige Geist hat diese Kraft. Auch wir brauchen einen Komposthaufen, nämlich die Gemeinschaft mit anderen Christen in der Gemeinde, damit Veränderung geschehen kann. Alle fauligen Schalen können in Dünger verwandelt werden. Gott kann aus jedem Leben etwas machen, das ihn ehrt.

Wo geht's lang?

Biblischer Bezug: Jesaja 30,21; Johannes 16,13-14

Zielgedanke: Der Heilige Geist ist unser Führer.

Material: ein Kompass

»Ich zähle jetzt bis drei. Bei drei zeigt ihr alle in die Richtung, wo ihr den Norden vermutet. Okay?«

Eins - zwei - drei . . .

Mit Hilfe des Kompasses stellst du fest, wer Recht hat. Dann versuchst du Verwirrung zu stiften, indem du dich z.B. umdrehst, in eine entfernte Ecke gehst oder auf einen Stuhl steigst. Du fragst jeweils, wo von dort aus Norden ist.

Egal wo wir uns befinden, der Kompass wird uns immer genau nach Norden führen. So ähnlich ist es mit dem Heiligen Geist. Er ist unser innerer Führer.

Lest gemeinsam Johannes 16,13-14. Der Heilige Geist wird uns auf dem richtigen Weg halten und uns immer auf Jesus hinweisen.

Teil

Die Bibel

52 Nur im Doppelpack!

Biblischer Bezug: Jesaja 59,21; 2. Petrus 1,20

Zielgedanke: Wenn wir als Christen leben wollen, müssen der Heilige Geist und die Bibel zusammenarbeiten.

Material: ein Vorhängeschloss, der dazu passende Schlüssel; eine Konservendose, ein Dosenöffner; eine Nuss, ein Nussknacker

Zunächst zeigst du das Schloss (ohne Schlüssel!) und fragst, wozu man es gebrauchen kann. Nach den ersten Antworten meldest du Zweifel an. Immerhin ist das Schloss ohne Schlüssel ziemlich nutzlos. Dasselbe verdeutlichst du anhand der Konservendose und der Nuss.

Wir brauchen den Heiligen Geist, wenn wir die Bibel lesen und verstehen wollen. Ansonsten bleibt die Bibel zwar ein anspruchsvolles, wissenschaftlich interessantes Buch, aber ohne Leben.

Nun holst du den Schlüssel und den Dosenöffner heraus. Anders herum ist der Heilige Geist ohne die Bibel wie der Schlüssel ohne Schloss oder der Dosenöffner ohne Dose.

Der Heilige Geist bestätigt und erklärt das, was in der Bibel als Wort Gottes aufgeschrieben wurde. Gott hat uns beide zusammen gegeben. Und nur, wenn sie zusammenarbeiten, haben wir alles, was nötig ist, um ganz praktisch als Christen leben zu können.

Der Bestseller

Biblischer Bezug: 2. Timotheus 3,16

Zielgedanke: Wer an die Bibel als inspiriertes Wort Gottes glaubt, ist kein Spinner.

Material: ein großes Schild, auf dem in großen Buchstaben DIE BIBEL steht

Anhand der unten aufgeführten Fakten über die Bibel (die natürlich durch eigenes Material ergänzt werden können) gibt es zwei Möglichkeiten:

a) Du formulierst Fragen, deren Antwort stets »die Bibel« lautet. Die Kinder können der Reihe nach das Schild als Antwort hochhalten.

b) Ihr macht ein Quiz. Bei einigen Fragen müssen Alternativantworten angeboten werden.

Hier einige Fakten:

- Die Bibel ist das meistverkaufte Buch der Welt. Jedes Jahr werden 30 Millionen Bibeln gedruckt und verkauft.
- Die Bibel wurde in mehr als 1.200 Sprachen übersetzt.
- In der Bibel steht über 4000 mal: »So spricht der Herr.«
- Alte Handschriften der Bibel können für über eine Million D-Mark verkauft werden.
- Die Bibel enthält Hunderte von Prophezeiungen, die in Erfüllung gegangen sind.
- Die Bibel ist das einzige Buch, in dem die Geburt Jesu, sein Tod und seine Auferstehung vorausgesagt waren.

- Die Bibel ist auch das einzige Buch, in dem vorausgesagt war, dass Israel wieder ein eigenes Land werden würde. (Das ist 1948 geschehen.)
- Es hat über 1600 Jahre gedauert, bis die Bibel vollständig war.
- Über 40 Autoren aus drei Kontinenten haben über eine lange Zeit - 1600 Jahre - an diesem Buch geschrieben.
- Über kein anderes Buch als die Bibel wurden so viele, nämlich Tausende anderer Bücher geschrieben.
- Es gibt Tausende von handgeschriebenen alten Bibelteilen, die kaum voneinander abweichen.
- Die Bibel ist ein Buch, das man immer und immer wieder lesen kann und dabei ständig Neues entdeckt.

Ist es verrückt zu glauben, dass die Bibel Gottes Wort ist?

Literaturhinweis: Günther S. Wegener, 6000 Jahre und ein Buch. Die Bibel - Biographie eines Bestsellers, Oncken Verlag, Wuppertal und Kassel 1997 (neue, erweiterte Ausgabe)

Das bleibt garantiert!

Biblischer Bezug: Markus 13,1-2;31; Jesaja 40,8

Zielgedanke: Früher oder später vergeht alles, aber Gottes Wort bleibt ewig.

Material: –

»Welches Gebäude in unserer Stadt findet ihr am schönsten?«

Diskutiert ein wenig über die architektonische Leistung der Erbauer, über Stil und Wert des Gebäudes.

Die Jünger Jesu kamen aus Galiläa, was in einiger Entfernung von Jerusalem liegt. Sie waren das Großstadtleben nicht gewöhnt und kannten kaum prächtige Gebäude. In Markus 13,1-2 erfahren wir, wie sie Jerusalem fanden. (Die Stelle vorlesen.)

Der Jünger, der das sagte, war offensichtlich beeindruckt vom Tempel.

»War Jesus auch beeindruckt? Was sagte er voraus?«

Etwa 40 Jahre nach seinem Tod gingen diese Worte in Erfüllung. Der Tempel wurde von der römischen Armee zerstört.

In Markus 13,31 sagt Jesus, dass seine Worte ewig bleiben. Jesaja sagte das auch schon uber Gottes Wort (Jesaja 40,8).

Das prächtigste Gebäude unserer Stadt wird eines Tages verschwunden sein, aber die Worte der Bibel bleiben für immer. Ist das nicht großartig?

Wissen ist nicht genug

Biblischer Bezug: Hesekiel 3,1-2; Offenbarung 10,9-10

Zielgedanke: Die Bibel will uns nicht nur Informationen geben, sondern unsere ganze Person beeinflussen.

Material: Marzipan-Rohmasse, Lebensmittelfarbe

Die Vorbereitung dieser Einheit ist etwas aufwendig und künstlerisch anspruchsvoll: Modelliere aus der Marzipan-Rohmasse ein kleines Buch (mindestens 10 x 7 cm) und schreibe mit Lebensmittelfarbe »Die Bibel« darauf.

Zunächst sprichst du allgemein darüber, wie wichtig die Bibel ist. Du zeigst stolz deine neue Taschenbibel und beginnst dann, sie zu essen. (Sie wird in deinem Mund süß wie Honig sein!)

»Was ich hier tue, ist gar nicht ungewöhnlich. Es gibt zwei Menschen in der Bibel, die aufgefordert wurden, genau dasselbe mit ihrer Bibel zu machen.«

Zwei Freiwillige schlagen die Stelle auf und lesen sie vor.

»Warum glaubt ihr, sollten Hesekiel und Johannes Gottes Wort essen, als wäre es ein Lebensmittel?«

Normalerweise nehmen wir Gottes Wort mit unserem Verstand auf, aber es tut uns nicht gut, wenn sich in unserem Gehirn viel Bibelwissen ansammelt. Gott möchte, dass wir uns mit seinem Wort »ernähren«, damit es unsere ganze Person beeinflussen kann. Die Bibel muss Einfluss auf unsere Gefühle, auf unsere Worte und Taten haben wie auf unseren Verstand.

Genauso wie die Nahrung, die wir zu uns nehmen, unseren gesamten Körper beeinflusst und uns mit der Energie versorgt, die wir brauchen, so will auch Gottes Wort unser tägliches Lebensmittel sein.

Halte dich ans Rezept!

Biblischer Bezug: 2. Timotheus 3,16-17

Zielgedanke: Die Bibel hilft uns, unser Leben nach Gottes Vorstellungen zu führen.

Material: Schürze, Plastikschüssel, Kochlöffel, Zutaten für einen Rührkuchen einschließlich Marmelade, Salz und Pfeffer; das Rezept für diesen Kuchen

Du ziehst die Schürze an, baust die Zutaten auf und erklärst, dass du deinen Lieblings-Rührkuchen backen wirst. Nun liest du das Rezept an einem Stück ganz vor, legst es weg und beginnst dein Werk, so dass alle verfolgen können, was du tust.

Mache Fehler, indem du Mengenangaben und Zutaten vertauschst. Statt der Eier kannst du Marmelade hinzufügen, statt Zimt Pfeffer, statt einer Prise Salz eine Prise Mehl usw.

Während du alles zusammenrührst, erzählst du, wie sehr du diesen Kuchen magst und wie sehr du dich darauf freust, ihn zu essen.

Zeige den Kindern den eigenartigen Teig in deiner Schüssel und frage sie, ob sie auch ein Stück von dem fertigen Kuchen möchten. (Sie werden dankend ablehnen.)

An dieser Stelle unterbrichst du deine Backerei, ziehst die Schürze aus und erklärst, wie wichtig es ist, sich beim Backen sorgfältig an das Rezept zu halten. Sonst schmeckt der Kuchen fürchterlich.

Gott hat uns ein »Rezept« gegeben, nicht für Kuchen, sondern für unser Leben. (Halte eine Bibel hoch.)

Traurigerweise kümmern sich viele Menschen nicht um das, was Gott sagt, und denken, sie könnten glauben und tun, was sie wollen. Sie denken sich ihr eigenes »Lebensrezept« aus. Aber Gott sagt in seinem Wort, dass dieser Weg in eine Katastrophe führt.

Manche Menschen sind so gute Köche oder Bäcker, dass sie viele Rezepte auswendig wissen. Wenn wir uns viel mit der Bibel beschäftigen, lernen wir Gottes »Rezept« immer besser kennen. Das hilft uns, dass unser Leben gelingt.

57 Ein besonderer Globus (Die Bibel I)

Biblischer Bezug: 2. Timotheus 3,16

Zielgedanke: Wenn wir mehr über Gott erfahren wollen, können wir in der Bibel nachschauen.

Material: ein Globus

»Wer weiß, was das ist und wofür es gut ist?«

Mit unseren eigenen Augen können wir nicht sehr weit sehen. Ein Globus verschafft uns den Gesamtüberblick.

Wenn wir uns dafür interessieren, wie Gott ist, wo können wir dann nachschauen? Uns umzuschauen wird dabei nicht viel nützen. Die Bibel gibt uns aber einen großartigen Überblick, genau wie ein Globus. Sie sagt uns, wer Gott ist, was seine Eigenschaften sind und sein Verhältnis zu den Menschen. Sie erzählt uns, dass er die Welt und uns Menschen erschaffen hat. Von ihr erfahren wir, dass er die Menschheitsgeschichte in seiner Hand hält und große Zukunftspläne hat.

Wenn wir uns für Geographie, für die Kontinente, Meere und Länder unserer Erde interessieren, betrachten wir einen Globus. Wenn uns Gott interessiert und sein Plan für diese Welt, dann lesen wir die Bibel, diesen besonderen »Globus«.

»Wie komme ich nach . . .?« (Die Bibel II)

Biblischer Bezug: 2. Timotheus 3,16; Matthäus 7,24-27

Zielgedanke: Beim Bibellesen können wir Gott persönlich kennen lernen.

Material: Globus, Straßenkarte für Deutschland (Schweiz, Österreich)

Du stellst den Globus gut sichtbar auf und drehst ihn, so dass die Kinder merken, dass du etwas suchst.

»Kann mir vielleicht jemand helfen? Ich möchte mit dem Auto von hier (betreffenden Ort einsetzen) nach Berlin (oder eine andere große Stadt) fahren. Aber ich kann die Straßen hier so schlecht erkennen.«

In diesem Fall ist der Globus nicht das richtige Hilfsmittel. Doch die Straßenkarte kann weiterhelfen. Du zeigst den Kindern die gewünschte Strecke nach Berlin.

Wenn wir wissen wollen, wie jeder von uns sein Leben richtig, d.h. nach Gottes Vorstellungen leben kann, müssen wir in der Bibel nachschauen. Da hat Gott seine Gebote und seine Verheißungen aufschreiben lassen. In der Bibel sagt er allen Menschen, wie sie ihn kennen lernen und mit Jesus als ihrem Lebensretter und Chef leben können.

Wenn wir die Bibel »nutzen«, werden wir ans richtige Ziel kommen. Gott kennen lernen ist eigentlich wie eine Reise. Um den besten Weg zu finden, müssen wir Gottes Straßenkarte lesen: die Bibel.

59 Vom Größten bis zum Kleinsten (Die Bibel III)

Biblischer Bezug: 2. Timotheus 3,16

Zielgedanke: In der Bibel geht es auch um die kleinen Dinge unseres alltäglichen Lebens.

Material: Globus, Straßenkarte, Stadtplan

»Ich bin bei jemandem eingeladen, der in einer ganz kleinen Straße in unserer Stadt wohnt. Aber ich weiß nicht genau, wo diese Straße ist, deshalb muss ich nachschauen.« (Zuerst schaust du auf den Globus.)

»Ich fürchte, hier bin ich falsch.« (Nun kommt die Straßenkarte dran.)

»Auch diese Karte hilft mir nicht weiter. Was soll ich nur machen?«

Wenn wir eine spezielle Straße suchen, brauchen wir eine Karte mit kleinem Maßstab, einen Stadtplan. Da sind auch Details wie Häuser, Kirchen und Parks eingezeichnet.

Die Bibel ist nicht nur mit einem Globus oder einer Straßenkarte vergleichbar, sondern auch mit einem Stadtplan. Denn Gott interessiert sich nicht nur für die Menschheitsgeschichte oder für das Ziel meines Lebens. Auch die Kleinigkeiten meines täglichen Lebens haben für ihn Bedeutung.

Und nicht nur meines Lebens. Jeder von uns kann die Bibel aufschlagen, wenn er Rat braucht oder eine Antwort auf ein Problem sucht.

»Wie kann ich die Bibel so auf mein alltägliches Leben anwenden? Kann jemand ein Beispiel erzählen?« (Möglichst selbst eine Erfahrung erzählen.)

Gott ist tatsächlich auch an den Kleinigkeiten unseres Lebens interessiert. Wenn wir Angst haben oder traurig sind, können wir die Bibel lesen. Sie sagt uns, dass wir immer mit Gott sprechen dürfen. Sie sagt uns auch, dass wir Gott in jeder Lage vertrauen können, und sie vergewissert uns, dass Gott immer bei uns ist.

Die Bibel ist unser wertvollstes Nachschlagewerk. Gott hat alles, was wir wissen müssen, in ein großartiges Buch gepackt!

Teil

Die Gemeinde

30 Gottes Riesenpuzzle

Biblischer Bezug: 1. Korinther 12,12; Offenbarung 7,9

Zielgedanke: Jesus baut seine Gemeinde.

Material: Overhead-Projektor, ein Puzzle mit wenigen, großen Teilen (maximal 20), ein zweites Puzzle mit mehreren 100 Teilen (die Motive der Puzzles spielen keine Rolle)

Die Teile des ersten Puzzles legst du an den Rand der Glasscheibe des eingeschalteten Overhead-Projektors.

»Welcher Freiwillige setzt das Puzzle zusammen?«

Alle können die Silhouette der Puzzleteile sowie die Hände des Freiwilligen gut sehen.

Genauso baut Jesus die einzelnen Menschen in unserer Gemeinde zu einem Ganzen zusammen. Gegenseitige Liebe und Verständnis sind für die Einheit nötig. Jeder Einzelne spielt dabei eine wichtige Rolle. Zum Beispiel ist es wichtig, dass es Leute gibt, die das Gemeindehaus putzen. Andere machen Musik. Wieder andere halten Jungschar oder predigen usw. Wenn einer dieser Menschen fehlt, fehlt ein wichtiges Puzzleteil.

Ist das Puzzle fertig gestellt, nimmst du es herunter und legst die vielen Puzzleteile des zweiten Puzzles auf den Projektor.

»Wer möchte dieses Puzzle zusammensetzen?«

Die Teile sind zu winzig und zu zahlreich. Es wird Stunden, vielleicht Tage dauern, bis dieses Puzzle fertig ist.

Das erste Puzzle habe ich mit unserer Gemeinde verglichen. Dies hier ist wie die weltweite Gemeinde, die Jesus baut. Sie hat unzählbare Millionen von Mitgliedern, aber auch in dieser Gemeinde spielt jeder eine wichtige Rolle.

Bitte jemanden, Offenbarung 7,9 laut vorzulesen.

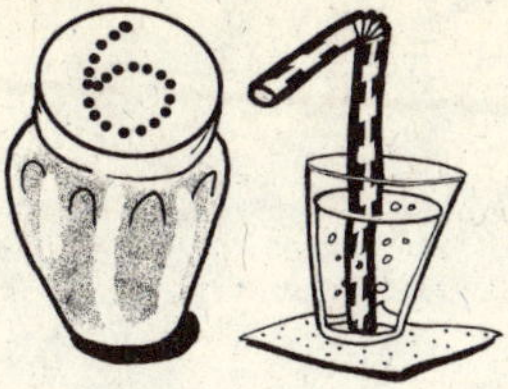

Gottes Wohnung (I)

Biblischer Bezug: 2. Mose/Exodus 25,8; 40,34-35

Zielgedanke: Gott will bei den Menschen wohnen und mit ihnen leben.

Material: eine lange Schnur, ein Betttuch, die Bibelstellen auf Overhead-Folie, wenn möglich eine Skizze bzw. ein Foto von einem Modell der Stiftshütte

Mit sechs Freiwilligen baust du ein Zelt: Zwei halten die Schnur, du legst das Betttuch darüber und die anderen vier halten die Zipfel des Tuchs etwas über den Boden.

»Könnt ihr euch vorstellen, dass Gott in einem Zelt wohnt?«

Er hat es getan. Das Volk Israel lebte in Zelten, und weil Gott bei ihnen wohnen wollte, wohnte er ebenfalls in einem Zelt.

Gemeinsam lesen wir 2. Mose/Exodus 25,8.

Gott gab Mose genaue Anweisungen, ein spezielles Zelt zu bauen, an dem Gottes Heiligkeit und Herrlichkeit sichtbar werden sollten.

Man kann dieses Zelt, das auch »Stiftshütte« genannt wird, anhand der Bauanleitung im 2. Buch Mose nachbauen. So hat es wohl etwa ausgesehen. (Siehe Folie, evtl. kannst du einige Details erklären.)

Nun lest ihr gemeinsam die zweite Bibelstelle. Als Mose alle Anweisungen Gottes befolgt hatte und das Zelt fertig war, kam Gott und erfüllte das Zelt mit seiner Herrlichkeit. Er war wirklich da, mitten unter seinem auserwählten Volk.

Gottes Wohnung (II)

Biblischer Bezug: 1. Könige 6,1; 8,10-11

Zielgedanke: Salomo baute in Jerusalem einen Tempel. Dieser wurde Gottes neue Wohnung auf der Erde.

Material: entweder eine Skizze des Tempels oder besser noch ein Modell (Möckmühler Bastelbögen); die Bibelstellen evtl. auf Overhead-Folie

Indem du an die vorhergegangene Andacht anknüpfst, erzählst du, wie Gott sein Volk endlich in das versprochene Land Kanaan führte. Nun liest du 1. Könige 6,1 vor.

Die Israeliten hatten noch einige der Gegenstände aus der Stiftshütte, aber das Zelt selbst war nach fast 500 Jahren zu brüchig. Der Tempel, den Salomo bauen ließ, hatte viel Ähnlichkeit mit der Stiftshütte. (Erkläre den Kindern das Modell des Tempels.)

Wir können in 1. Könige 6-8 alles über dieses Bauprojekt lesen. Einer oder alle lesen 1. Könige 8,10-11 vor.

Unglaublich: Genau wie Gottes Gegenwart das Zelt erfüllt hatte, so erfüllte sie nun den Tempel. König Salomo wusste, dass Gott sogar größer war als das Universum. Doch Gott wollte wirklich bei seinem Volk wohnen und deshalb zog er in sein neues Haus ein.

Gottes Wohnung (III)

Biblischer Bezug: Matthäus 1,23; 17,2; Johannes 2,21

Zielgedanke: Als Jesus auf der Erde lebte, wohnte Gott in ihm bei den Menschen.

Material: ein Paar warme Hausschuhe, ein bequemer Sessel, eine Zeitung oder ein Buch

Du stellst den Sessel direkt vor die Kinder, setzt dich entspannt hinein, tauschst deine Schuhe gegen die Hausschuhe und liest in der Zeitung oder dem Buch.

»Das ist herrlich bequem! Die Hausschuhe sind so schön warm. Das Buch spannend – so fühle ich mich richtig wohl.«

Nach einer Weile stehst du auf und erzählst, wie das Volk Israel im Laufe der Jahre bequem wurde und Gott vergaß. Fremde kamen ins Land und zerstörten Salomos wundervollen Tempel. Doch Gott wollte immer noch bei seinen Menschen wohnen, deshalb entschloss er sich, etwas ganz Besonderes zu tun. Er wollte persönlich zu ihnen kommen und mit den Menschen leben.

Lies Matthäus 1,23 vor. – In Jesus kam Gott persönlich zu uns, nicht in einem Zelt oder einem Tempel, sondern in einem kleinen Baby, das später ein erwachsener Mann wurde.

Nun lest ihr zusammen Matthäus 17,2.

Dies war das einzige Mal, wo Gottes strahlende Gegenwart in Jesus aufleuchtete. Nur drei der Jünger durften es sehen. Die Bibel lehrt sehr deutlich, dass Jesus Gott selbst war. Gott wurde als Baby geboren und lebte etwa 33 Jahre unter den Menschen. Jesus hat sich selbst einmal als Gottes Tempel oder Gottes Wohnung bezeichnet (Johannes 2,21).

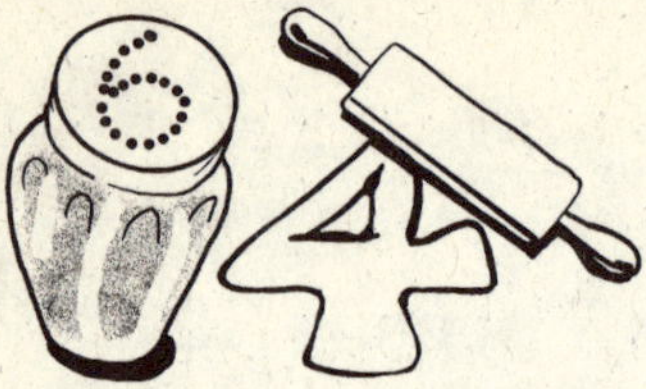

Gottes Wohnung (IV)

Biblischer Bezug: Apostelgeschichte 2,2-4; Epheser 2,22; Matthäus 18,20; 1. Korinther 3,16

Zielgedanke: Gottes Wohnung auf der Erde ist die Gemeinde.

Material: ein riesiges weißes Papier, dicke Stifte

Du hältst das weiße Papier in die Höhe und schwärmst von dem wunderbaren Haus, das darauf abgebildet ist. Beschreibe den Garten, den Swimmingpool, die riesige Eingangstür usw.

»Könnt ihr das richtig sehen?« Wenn die Kinder mit Nein antworten, legst du das Blatt verzweifelt beiseite und sagst, dass du später noch einmal darauf zurückkommst.

Erinnere an die vorherigen Andachten über Gottes Wohnungen. Jesus kehrte wieder zurück in den Himmel, als sein Auftrag auf der Erde erfüllt war. Aber Gott wollte doch den Menschen nicht ferner sein als zuvor. Im Gegenteil, er wollte immer noch ganz nah bei ihnen wohnen.

Gemeinsam lest ihr Apostelgeschichte 2,2-3. Noch einmal kam Gottes Gegenwart spürbar auf die Erde. Nicht um ein Zelt oder einen Tempel zu erfüllen, sondern um die Jünger zu erfüllen. Der Heilige Geist erfüllt jeden, der an Jesus glaubt und seine Sünde bereut. Jetzt besteht Gottes Wohnung auf der Erde aus Christen aller Nationen – aus seiner Gemeinde.

Lest Epheser 2,22 gemeinsam von einer Overhead-Folie, um diese Aussage zu unterstreichen.

Zum Abschluss kann jeder seinen Namen auf das Papier schreiben oder auch ein Bild von sich malen.

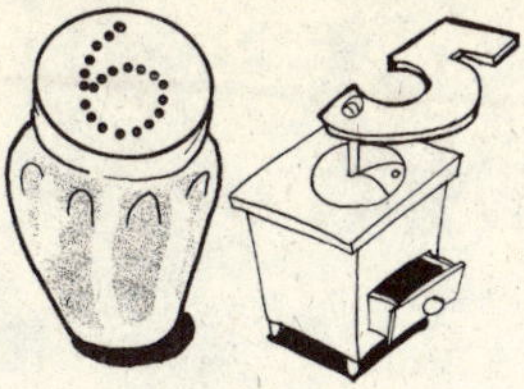

Welch ein Sortiment!

Biblischer Bezug: 1. Korinther 12,5-6+27; 1. Petrus 4,10

Zielgedanke: In der Gemeinde hat jeder eine andere Aufgabe.

Material: viele Küchenutensilien, darunter auch einige ungewöhnliche

Du zeigst die Küchenutensilien nacheinander und fragst jeweils: »Wer weiß, was das ist und wozu es gebraucht wird?«

Jedes dieser Werkzeuge hat eine andere Aufgabe, aber alle werden in der Küche gebraucht. Wer kocht, legt Wert darauf, für jeden Handgriff das richtige Gerät zu haben, und wir sind sehr kreativ, um diese Geräte auszutüfteln und herzustellen.

Gott ist auch sehr kreativ. Er hat jeden von uns mit vielen unterschiedlichen Fähigkeiten und Möglichkeiten geschaffen. Doch mit einem Hauptzweck: um ihn zu ehren.

Erkläre diese Aussage anhand der Bibelstellen und versuche mit den Kindern gemeinsam, ganz praktische Bezüge herzustellen.

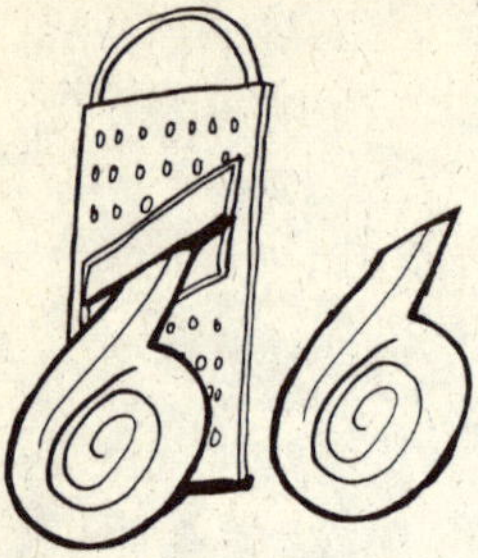

So ein Krach!

Biblischer Bezug: Psalm 133; Johannes 17,11+20-23

Zielgedanke: Gott möchte, dass seine Menschen in Frieden und Eintracht zusammenleben und zusammenarbeiten.

Material: eine Auswahl Orff'scher Instrumente wie z.B. Triangel, Schellenkranz, Trommel, Rassel usw.

Du bittest einige Freiwillige (nicht zu jung!) nach vorne zu kommen, um mit den Instrumenten zu spielen. Sie sollen auf dein Zeichen hin starten und beim nächsten Zeichen wieder aufhören.

»War der Klang gut? Wie könnte er verbessert werden?«

Sie könnten abwechselnd spielen oder dem Rhythmus eines Liedes folgen. Die besten Vorschläge werden gleich in die Praxis umgesetzt. Hoffentlich ist die Verbesserung deutlich hörbar.

Einige andere Kinder können weitere Vorschläge ausführen.

»Was war am besten?«

(Alternativvorschlag: Falls einige Musiker da sind, kannst du mit ihnen absprechen, dass auf dein Zeichen hin jeder von ihnen ein anderes Lied spielt. Es muss richtig schrecklich klingen. Danach fragst du, ob jemand erkannt hat, was gespielt wurde. Beim zweiten Versuch spielt die Gruppe gemeinsam ein Lied.)

Lass jemanden Psalm 133 oder Johannes 17,21 vorlesen und erkläre die Verse mit eigenen Worten.

Der schreckliche Krach kam zustande, weil jeder gespielt hat, was ihm gerade einfiel, ohne auf die anderen zu achten. Es ist durchaus möglich, genau so zu leben – einfach immer nur zu tun, was mir gefällt. Aber Gott hasst diesen Egoismus. Er möchte, dass wir mit anderen zusammenarbeiten und aufeinander achten.

Ein starkes Team

Biblischer Bezug: 1. Korinther 12,12-31

Zielgedanke: Die Gemeinde kann mit einem menschlichen Körper verglichen werden.

Material: Rundkopfklammern, Körperteile aus Karton: 2 Beine, 2 Füße, 2 Arme, 2 Hände, 1 Leib, 1 Hals und 1 Kopf, jeweils mit Löchern an den Schnittstellen, so dass sie durch die Klammern zusammengehalten werden können.

Zunächst zeigst du die Körperteile einzeln und weist auf ihre Form und Nützlichkeit hin.

Die Gemeinde in Korinth wurde von Paulus mit diesen Körperteilen verglichen (lies einige Verse aus 1. Korinther 12 vor). Ein einzelner Christ ist genauso lächerlich wie eines dieser Körperteile für sich. Wir gehören zusammen. Durch unsere Venen fließt dasselbe Blut, nämlich der Heilige Geist (Vers 13). Wir können sehr unterschiedlich sein - aus unterschiedlichen Ländern, mit verschiedenen Charakteren, alt oder jung - aber wir sind wie ein Körper. Wir haben unterschiedliche Funktionen. So ergänzen wir einander und dienen uns gegenseitig.

Der Mund könnte kaum ohne Hände essen. Die Füße könnten nicht ohne Beine gehen usw.

Der Körper muss zusammengefügt werden. Anders geht es nicht.

»Wer würde gerne diesen Papiermenschen zusammenfügen?«

Zum Schluss können sich alle an Händen oder Schultern fassen, im Raum herumgehen und dabei ein passendes Lied singen.

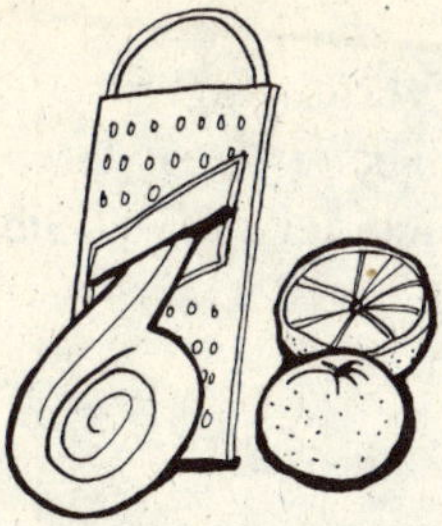

Widerstand und Verfolgung

Biblischer Bezug: Apostelgeschichte 5,17-21; 1. Petrus 4,12-16; Hebräer 13,3

Zielgedanke: Nachfolger Jesu müssen mit Widerstand und Verfolgung rechnen.

Material: aus Karton angefertigte Gefängniszellenfenster mit Gitterstäben (ca. 30 x 40 cm)

»Wer ist bereit, sich ins Gefängnis stecken zu lassen?«

Wähle so viele Freiwillige wie die vorbereiteten Zellenfenster minus einem, d.h. ein Fenster muss übrig bleiben. Die Freiwilligen stellen sich vorne in einer Reihe auf.

»Was könnte jemand verbrochen haben, der zu einer Gefängnisstrafe verurteilt wird?«

Sobald die erste strafbare Handlung genannt wird, schickst du den ersten »Verbrecher« ins Gefängnis, indem du ihm ein Zellenfenster gibst, das er vor sein Gesicht halten muss.

Sammele weitere Vergehen, bis alle Freiwilligen »im Gefängnis sitzen«. Ein Zellenfenster ist übrig. Du hältst es hoch und erzählst dabei die Geschichte aus Apostelgeschichte 5.

»Aus welchem Grund wurden diese Leute ins Gefängnis geschickt?«

In vielen Ländern der Erde ist es auch heute strafbar, Christ zu sein, genau wie zur Zeit der Apostel.

»Wie findet ihr das?«

Nun liest du 1. Petrus 4,12-16 vor.

»Was schreibt Petrus über Angriffe und Verfolgung?«

Trotzdem ist es wichtig, für die Christen zu beten, die in ihren Ländern heute für ihren Glauben leiden (Hebräer 13,3!). Gib einige aktuelle Informationen über ein Land weiter und bete dann mit den Kindern für die Christen dort.

Teil

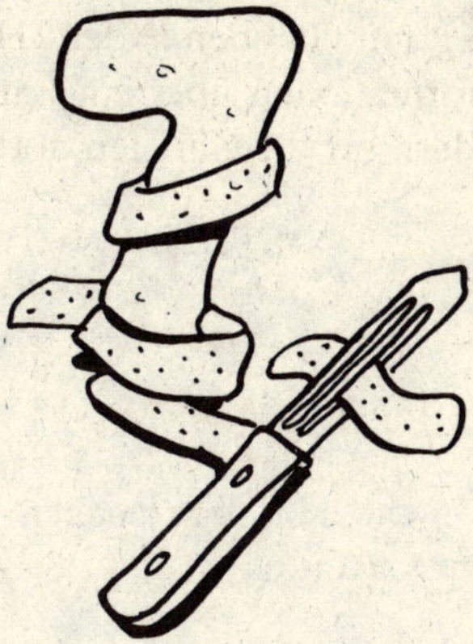

Das Leben als Christ

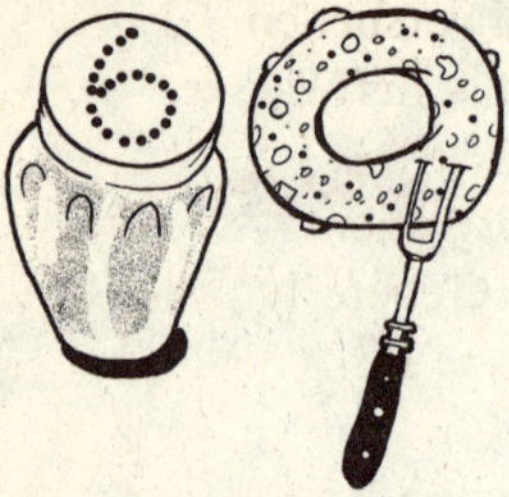

Spring rein!

Biblischer Bezug: Römer 3,28

Zielgedanke: Christliches Handeln macht noch keinen Christen. Christ ist, wer Jesus vertraut.

Material: ein Buch »Schwimmen lernen leicht gemacht« (ausleihen oder zusammenbasteln); so viel Schwimmausrüstung wie möglich: Badehose, Schwimmflossen, Schutzbrille, Handtuch usw.

»Ich werde schwimmen lernen, und zwar hier und jetzt. Ich habe mir alles, was nötig ist, besorgt.«

Du ziehst deine Ausrüstung über deine Kleidung, zeigst stolz das Buch und beginnst aufmerksam darin zu lesen. Während du liest, machst du entsprechende Arm- und Beinbewegungen. Evtl. kannst du dich dazu mit dem Bauch auf einen Hocker legen.

»Nicht schlecht für den Anfang, wie? Ich bin jedenfalls zufrieden. Es war gar nicht so schwer, wie ich gedacht hatte. Zum Glück war es nicht nötig, in ein richtiges Schwimmbad zu gehen. Ich bin nämlich sehr wasserscheu.«

Du legst deine Ausrüstung ab und packst sie zusammen.

»Und – ihr seid beeindruckt, was?«

Du sprichst mit den Kindern darüber, was an deinem Schwimmversuch faul war.

»Ist es möglich, auf ähnliche Weise zu versuchen, Christ zu werden? Wer schwimmen lernen will, muss ins Wasser.«

»Wie kann man Christ werden?«

Manche Leute probieren es mit »christlichen Schwimmzügen« wie Gutes tun, in die Kirche gehen, Gebete sprechen und sogar in der Bibel lesen. Trotzdem haben sie Jesus nicht ihr Leben gegeben.

»Könnt ihr euch vorstellen, dass Menschen Angst haben, Jesus zu vertrauen, wie manche Angst vor dem Wasser haben?

Es gibt keinen anderen Weg. Durch Trockenübungen kann man kein Schwimmer werden und durch christliches Verhalten kein Christ.

Wir glauben ...

Biblischer Bezug: Hebräer 11,6; Johannes 6,28-29

Zielgedanke: Das Wichtigste, was Gott von uns möchte, ist Glaube an Jesus.

Material: Overhead-Projektor oder Tafel

»Was muss ein Mensch tun, damit er Gott gefällt?«

Lass die Kinder antworten, ohne die Antworten zu kommentieren. Nun bittest du jemanden, Johannes 6,28-29 vorzulesen.

Erstaunlich! Gott möchte nichts weiter, als dass wir an den glauben, den er gesandt hat. Wenn wir an Jesus glauben, tun wir genau das, was Gott von uns möchte.

»Was genau glaubt ihr denn von Jesus?«

Die Antworten schreibst du auf Overhead-Folie oder an die Tafel, so dass ein Glaubensbekenntnis entsteht. Einige Hilfestellungen und Formulierungsvorschläge werden nötig sein. Ist die Liste vollständig, schreibst du darüber: »Das Glaubensbekenntnis der ...« (entsprechende Gruppe oder den Gemeindenamen einsetzen). Lest euer Glaubensbekenntnis gemeinsam.

»Ich geb's auf!«

Biblischer Bezug: Lukas 19,1-10

Zielgedanke: Buße ist ein wichtiger Bestandteil des Christseins.

Material: Overhead-Projektor oder Tafel mit einer sehr langen Mathe-Aufgabe, z.B. 491 + 437 - 283 x 7 + 16 = ?

»Bevor ich anfangen kann, muss ich noch diese Rechenaufgabe lösen.«

Du rechnest laut vor dich hin, löst einige Teile der Aufgabe schriftlich und machst dabei offensichtliche Fehler. Du kannst zwischendurch auch Zahlen schätzen.

»So ganz genau muss man es nicht nehmen. Das gleicht sich am Ende schon wieder aus.«

Wenn die Tafel vollgeschrieben ist und du völlig durcheinander wirkst, gibst du auf.

»Ich gebe mich geschlagen, das schaffe ich nicht. Will jemand von euch es versuchen?«

Die anderen kontrollieren.

Jeder macht in seinem Leben viele Fehler, manchmal unbewusst, manchmal absichtlich. Einige Menschen meinen, dass, wenn sie einfach über die Fehler hinwegsehen, am Ende alles irgendwie richtig herauskommt. Doch das klappt nicht. Genauso wenig wie bei meiner Rechnung.

Sünde kann nicht einfach übersehen werden, sie muss in Ordnung gebracht werden.

Erzähle die Geschichte von Zachäus, der überall, wo er betrogen hatte, Wiedergutmachung leistete. Als er das in Ordnung gebracht hatte, konnte er sein neues Leben mit Jesus in Angriff nehmen. Er konnte ganz von vorne anfangen.

Wir müssen unsere Vergangenheit in Ordnung bringen, indem wir Gott unsere Sünden bekennen. Wenn wir jemanden verletzt haben, müssen wir uns bei dem Betreffenden entschuldigen. Wir können unsere Fehler nicht einfach übersehen und hoffen, dass sie in Vergessenheit geraten. Das ist nicht Gottes Art.

12 Der Bonsai

Biblischer Bezug: Epheser 3,17; Kolosser 2,7, Psalm 1,3

Zielgedanke: Unser Leben muss ganz fest in Jesus verwurzelt sein.

Material: eine Bonsai-Pflanze (bzw. ein Foto, falls kein echtes Exemplar aufzutreiben ist)

»Wusstet ihr, dass es in den USA und Kanada Bäume gibt, die so hoch werden wie ein Hochhaus mit 30 Stockwerken?« (Sie heißen Red-Wood-Trees und können bis zu 112 Meter hoch werden.)

Nun zeigst du die Bonsai-Pflanze.

»Wisst ihr, was das ist? – Das ist ein ausgewachsener Baum. – Warum ist er so winzig?«

Du erklärst das Prinzip der Bonsai-Pflanzenzucht. Der Baum könnte sehr groß sein, doch weil seine Wurzeln und Äste ständig zurückgeschnitten werden, entsteht ein Zwergbaum.

Die Bibel spricht davon, dass Menschen, die an Jesus glauben, in Jesus verwurzelt sind. Wenn unsere Wurzeln ständig zurückgeschnitten würden, gäbe es nicht viel Wachstum. Dann vergingen Jahre und wir wären immer noch am Anfang.

Wie können wir dafür sorgen, dass unsere Wurzeln wachsen? Indem wir unseren Glauben im Alltag leben, beten, Gemeinschaft mit anderen Christen pflegen und die Bibel immer besser kennen lernen. Dadurch wachsen unsere unsichtbaren Wurzeln. Ob einige von uns vielleicht in vielen Jahren geistliche Mammutbäume sein werden?

73 »Aua!«

Biblischer Bezug: 1. Johannes 1,8-10

Zielgedanke: Wir müssen immer wieder Gott unsere Sünde bekennen, damit er vergeben und uns reinigen kann.

Material: Wanderkarte, Wanderstiefel (in einem ist ein Kieselstein), Rucksack, Wanderstock

»Endlich kann ich mal wieder eine richtig tolle Wanderung unternehmen. Ich liebe Wandern. Wollt ihr die Route sehen?« (Diese auf der Karte zeigen.)

Du schnürst die Wanderstiefel, setzt den Rucksack auf und verabschiedest dich. Nach einigen Metern beginnst du zu humpeln. Der Stein macht sich bemerkbar. Du stöhnst laut, setzt dich auf einen Stuhl und ziehst den Schuh (mit übertriebenen Bewegungen) aus. Den Stein schüttest du in deine Hand.

Unser Leben als Christen kann mit einer Wanderung verglichen werden. Wir folgen Jesus Tag für Tag nach. Manchmal sind wir dabei recht fröhlich und genießen die Gegenwart und Güte Gottes. Von Zeit zu Zeit tauchen jedoch Dinge auf, die uns an unsere sündige Natur erinnern. Das ist dann wie ein Stein im Schuh. Solche Steine können Eifersucht oder Egoismus sein.

»Fallen euch weitere Steine ein?«

Es ist unmöglich, mit solchen Steinen im Schuh längere Strecken zurückzulegen. Also müssen wir auch als Christen immer wieder anhalten und Gott unsere Sünde bekennen. Wenn wir dies tun, vergibt Gott sofort. Das verspricht er in der Bibel. Dann können wir wieder fröhlich weiterwandern und uns über seine Liebe und Güte freuen.

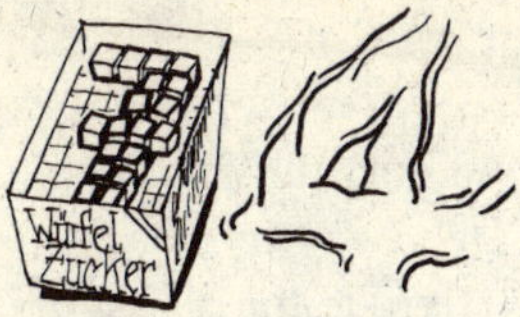

Mein Papa

Biblischer Bezug: Römer 8,15-16

Zielgedanke: Durch Jesus wird unsere Beziehung zu Gott so eng, dass er für uns wie unser Papa ist.

Material: Schreibe eine Liste der Kosenamen für Väter in möglichst vielen Sprachen. Hier einige Beispiele:

Daddy – englisch
Tad – walisisch
Tata – polnisch
Uba – hausa (nigerianische Sprache)
Abuna – arabisch
Baba – türkisch
Otosan – japanisch
Ba-Ba – kanton-chinesisch
Papa – französisch
Fa – dänisch
Pabbi – isländisch
Papas – griechisch
Appa – tamil. (indische Sprache)
Pittha – nepalesisch
Nana – telegu (indische Sprache)
Taata – huniagore (afrikanische Sprache)
Bapaa – Marathi (indische Sprache)
»Wer von euch spricht eine zweite Sprache? Bitte beweisen! Wir werden heute gemeinsam viele Sprachen lernen.«

Du zeigst die Wörterliste und übst die Wörter mit den Kindern.

»Versteht ihr das?« (Jüngere Kinder fragen!)

Nun schlagt ihr Römer 8,15-16 auf. Das Wort »Abba« ist aramäisch (der Dialekt, den Jesus gesprochen hat) für »Papa«. So sprach Jesus mit seinem himmlischen Vater.

Durch diese Bibelstelle wissen wir, dass der Heilige Geist diejenigen, die zu Jesus gehören, ganz gewiss macht, dass Gott ihr »Papa« ist.

(Evtl. ist es wichtig darauf hinzuweisen, dass manche Kinder ohne Vater aufwachsen und dass manche Väter nicht gut sind zu ihren Kindern. Gott ist der beste Papa, den wir uns vorstellen können.)

15 Mein großer Bruder

Biblischer Bezug: Matthäus 12,46-50; Hebräer 2,11

Zielgedanke: Jesu Nachfolger sind seine »Brüder«.

Material: –

Falls diese Andacht als Kurzpredigt in einem Familiengottesdienst gehalten wird, fragst du zunächst, ob eine Familie mit vier Mitgliedern anwesend ist (optimal wäre eine Mutter mit drei Söhnen). Als Alternative können auch vier Freiwillige eine Familie spielen.

Einen der Söhne nimmst du beiseite. Er soll Jesus spielen. Du erzählst den anderen, dass sie Maria und Brüder von Jesus sind. Sie sollen versuchen zu beschreiben, wie sie sich fühlen würden mit solch einem berühmten Sohn bzw. Bruder.

Anschließend liest jemand Matthäus 12,46-50 vor.

Nun fragst du die »Familie«, wie sie sich fühlen würden, wenn sie so eine Abfuhr erhalten hätten. Wären sie beleidigt?

»Warum hat Jesus wohl so reagiert? Was ging in ihm vor?«

Möglicherweise wollte er nicht unterbrochen werden, während er in Gottes Auftrag predigte. Er nutzte jedoch die Störung, indem er zeigte, wie hoch er von seinen Nachfolgern oder Jüngern dachte und welche Bedeutung sie für ihn hatten. Sie waren genauso wichtig wie seine eigene Familie.

Gemeinsam könnt ihr Hebräer 2,11 lesen.

Wenn wir an Jesus glauben, nennt er uns seine Brüder und Schwestern!

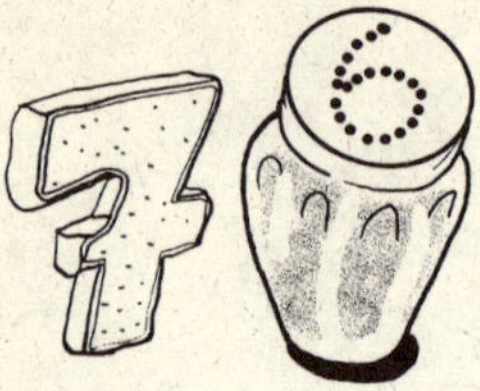

Wie peinlich

Biblischer Bezug: Matthäus 10,19-20+32

Zielgedanke: Jesus möchte, dass wir uns vor anderen zu ihm bekennen. Er gibt uns die richtigen Worte.

Material: Ein paar vorbereitete Zettel mit Aufschriften wie: »Was Sie heute anhaben, steht Ihnen nicht so gut.« – »Du hast beim Singen eine wunderschöne Stimme.« – »Ich würde dich gerne mal zum Eisessen einladen.« – »Haben Sie vielleicht etwas Süßes für mich?« – »Können Sie mir sagen, ob ich Mundgeruch habe?« usw.

Im Gottesdienst bittest du ein paar freiwillige ältere Kinder nach vorne. Du erklärst ihnen leise, dass sie das, was auf dem Zettel steht, einer Person, die sie nicht gut kennen, laut sagen sollen.

Jeder Freiwillige zieht einen Zettel. Wenn ein Kind sehr zögert, bietest du ihm an, dass es sich auch einfach wieder hinsetzen kann. Nachdem die Freiwilligen ihren Auftrag erfüllt haben oder auch nicht, fragst du sie, wie sie sich dabei gefühlt haben.

Der Auftrag war allen vermutlich etwas peinlich. Sie konnten ja nicht wissen, wie die Angesprochenen darauf reagieren würden. Einige haben aus Angst, sich zu blamieren, lieber gekniffen.

Ähnlich geht es vielen Christen, wenn sie gefragt werden, warum sie zur Kirche gehen oder in der Bibel lesen. Es ist uns peinlich, uns zu Jesus zu bekennen und anderen von ihm zu erzählen. Aber auch wenn wir nicht wissen, wie der andere dann über uns denkt – wir können wissen, was Jesus denkt. Er möchte, dass wir uns zu ihm bekennen.

Lest die angegebenen Verse aus Matthäus 10. Jesus wird uns dabei helfen, uns eindeutig zu ihm zu bekennen.

77 »Himmel, ich komme!«

Biblischer Bezug: Lukas 10,20; 1. Petrus 1,5b-6

Zielgedanke: Unsere momentanen Lebensumstände sind wie nichts, verglichen mit unserem himmlischen Erbe.

Material: 5 große Karten mit folgenden Aufschriften:

1. Krankheit
2. Lottogewinn
3. Dein Name ist im Himmel eingetragen
4. Sturz mit dem Fahrrad
5. Gebetserhörung

»Weiß jemand, was eine ›Multiple-Choice-Frage‹ ist?«

Eine Frage mit mehreren vorgegebenen Antworten, von denen eine richtig ist.

Hier ist meine Multiple-Choice-Frage: Worüber sollen wir uns nach Meinung von Jesus und Petrus riesig freuen?

Du zeigst die Antwortkarten nacheinander und ohne Kommentar.

Diskutiert nun über die richtige Antwort. Die Bibelstellen zeigen, wer Recht hatte.

Als die Jünger großartige Erfahrungen mit Gottes Kraft machten und richtig begeistert waren von dem, was Gott durch sie tat, sagte ihnen Jesus, sie sollten sich nicht darüber freuen. Sie sollten sich lieber freuen und jubeln, weil ihre Namen im Himmel aufgeschrieben waren.

Als es den Christen, an die Petrus schrieb, ziemlich schlecht ging, forderte er sie auf, sich zu freuen. Sie sollten nicht über ihre Probleme jubeln, sondern über das großartige Erbe, das Gott für sie im Himmel schon bereitgestellt hatte.

Wir sehen also: Egal, ob Lebensumstände gut oder schlecht sind, wir haben Grund zum Jubeln. Es wird gute und schlechte Zeiten für uns geben, aber wir sind auf dem Weg zum Himmel!

Das ist ungerecht!

Biblischer Bezug: Matthäus 20,1-15

Zielgedanke: Gott ist großzügig und behandelt uns alle gleich.

Material: eine Stange Smarties oder ähnliches, Utensilien siehe unten

»Heute brauche ich eure Hilfe, d.h. einige, die ein paar Arbeiten für mich erledigen. Wer würde mal

- einen Knopf annähen?
- meine Buntstifte spitzen?
- meine Schuhe putzen?
- einige Briefe in Couverts stecken?
- die Gitarre abstauben?«

Nachdem je ein bis zwei Freiwillige beschäftigt sind, bittest du den Rest der Gruppe, gemeinsam deine Jacke an die Garderobe draußen zu hängen.

Nach einer weiteren Minute unterbrichst du die Arbeitenden und kündigst an, dass es Zeit für die Belohnung bzw. Bezahlung sei.

Wer für dich arbeitet, soll schließlich auch etwas bekommen. Du gibst jedem ein Smartie.

»Seid ihr zufrieden? Findet ihr es gerecht, dass ich jedem dasselbe gegeben habe?«

Dann erzählst du das Gleichnis von den Arbeitern im Weinberg. Wir empfangen Gottes Güte, weil er großzügig ist, nicht weil wir sie verdient hätten.

Der Chef wird Diener

Biblischer Bezug: Lukas 22,24-27; Johannes 13,1-17

Zielgedanke: Jeder Christ soll gerne anderen dienen.

Material: –

Teile die Kinder in zwei gleich große Gruppen auf – die älteren und die jüngeren. Die jüngeren sollen ihre Schuhe ausziehen und den einen in einer Ecke und den zweiten in einer anderen Ecke abstellen. Nun sollen die älteren jeweils entsprechende Paare finden und sie dem richtigen Besitzer wieder anziehen.

Ist die Übung glücklich beendet, fragst du die Kinder, ob sie sich denken können, welche Arbeiten zur Zeit Jesu nur von den niedrigsten Dienern ausgeführt wurden. Eine dieser Aufgaben war, einem anderen die staubigen Füße zu waschen. Diese Aufgabe wurde immer von Dienern, nie vom Herrn erledigt.

»Warum hat Jesus kurz vor seinem Tod ausgerechnet die Füße seiner Jünger gewaschen?«

Jesus möchte, dass wir bereit sind, füreinander auch niedrige, unangenehme Dienste zu tun.

»Was könnten solche Dienste sein?«

Weniger ist mehr

Biblischer Bezug: Lukas 21,1-4; Lukas 6,38

Zielgedanke: Gott möchte, dass wir großzügig geben.

Material: 4 Geldbeutel, gefüllt mit a) 50 DM b) 10 DM c) 2 DM d) 0,20 DM; außerdem ein Fünf-Mark-Stück, ein Ein-Mark-Stück, ein Fünfzig-Pfennig-Stück und zwei Zehn-Pfennig-Stücke, ein Kollektenbeutel

Du gibst vier Freiwilligen zunächst die Geldbeutel (richtige Reihenfolge beachten!) und anschließend die Münzen (in entsprechender Reihenfolge) in die Hand. Sie sollen das, was sie in der Hand halten, in den Kollektenbeutel werfen, aber vorher zeigen, wie viel es ist.

»Wer hat am meisten gegeben?« (Person a) natürlich)

Nun bittest du die Freiwilligen zu zeigen, was sie in ihren Geldbeuteln haben.

»Wer hat wirklich am meisten gegeben?«

Nicht der, der das größte Geldstück gegeben hat, sondern der, der den größten Teil seines Besitzes geopfert hat!

Nun lest ihr die Geschichte in Lukas 21,1-4.

»Welcher der vier Freiwilligen entspricht der Witwe?«

Jesus sagte auch, dass sie am meisten gegeben hat. Zum Schluss schaut ihr Lukas 6,38 an (evtl. auf Overhead-Folie).

Wir können es uns leisten, großzügig zu sein, weil Gott zu uns so großzügig ist. Unglaublich, was er denen verspricht, die bereit sind zu geben.

81 Mehr als ein Gefühl

Biblischer Bezug: Jakobus 2,14-17; 2. Korinther 1,2-4

Zielgedanke: Mitgefühl soll zu mitfühlendem Handeln führen.

Material: 9 Karten mit je einem Buchstaben des Wortes MITGEFÜHL

Die gemischten Karten gibst du an neun Kinder aus und bittest sie, daraus ein Wort zu bilden und sich dann so vor die Gruppe zu stellen, dass jeder das Wort lesen kann. (In einer kleineren Gruppe kann die Aufgabe gemeinsam gelöst werden.)

Wenn das Wort zu lesen ist, fragst du, was es bedeutet.

»Kennt jemand andere Wörter, die ganz Ähnliches meinen?«

Welche Gefühle hat jemand, der mitfühlt? Kann jemand eine Situation beschreiben, in der ein Mensch Mitgefühl oder Mitleid empfindet?

Mitgefühl ist gut, aber es ist nicht genug, wenn ich dem anderen sage, dass er mir Leid tut.

Lest die Bibelstellen gemeinsam. Danach greifst du eine der bereits geschilderten Situationen auf (oder schilderst selbst eine aus dem aktuellen Umfeld).

»Was kann man in dieser Situation denn ganz konkret tun?« (Zum Beispiel beten, Geld geben, Hilfe anbieten, einen Brief schreiben . . .)

Echtes Mitgefühl führt zu konkretem Handeln.

Eine völlig neue Sicht

Biblischer Bezug: 1. Kor. 10,31; Matth. 25,40; Kol. 3,17

Zielgedanke: Alles soll zur Ehre Gottes getan werden.

Material: eine Schüssel mit Spülwasser, Gummihandschuhe, Spülbürste, Schürze, Geschirrhandtuch, falls nötig eine Abdeckfolie für den Tisch, viele schmutzige Tassen

Du baust alles vorne auf, ziehst die Schürze und die Gummihandschuhe an, seufzst tief und beginnst, die Tassen abzuwaschen. Dabei beschwerst du dich laut über dein langweiliges Leben. Du solltest dir sehr Leid tun.

Dein Monolog könnte folgendermaßen lauten: »Schon wieder spüle ich die Tassen der Gemeinde. In den letzten zehn Jahren habe ich bestimmt durchschnittlich 10 Tassen pro Tag abgewaschen. Das macht 365 x 10 x 10. Ich habe in dieser Gemeinde schon 36.500 Tassen gespült! Ist das nicht schrecklich deprimierend? So eine sinnlose Tätigkeit, Tassen spülen . . .!«

Während du missmutig beginnst, die Tassen abzutrocknen, liest ein Mitarbeiter, den du vorher instruiert hast, die entsprechenden Bibelstellen laut vor. Du schaust auf und hörst aufmerksam zu. »So habe ich das ja noch nie gesehen . . . Vielleicht könnte man das Spülen ja tatsächlich auch ganz anders sehen. Ich habe 36.500 Tassen für Jesus gespült!«

Nun gehst du mit deutlich mehr Begeisterung und Elan an die Arbeit. So gesehen ist das ja eine wichtige und bedeutende Tätigkeit. Du räumst die Tassen weg und zählst dabei lachend andere ähnlich ›bedeutende‹ Tätigkeiten auf: »Und dann könnte ich für Jesus noch einkaufen gehen, Gemeindebriefe austragen, die Straße fegen, Liederbücher austeilen und und und . . .«

Die Zinsen steigen

Biblischer Bezug: Matthäus 6,19-21

Zielgedanke: Wir sollen Schätze im Himmel sammeln, nicht auf der Erde.

Material: 4 Blätter, auf denen »Königlich himmlische Bank« steht; Einzahlungsformular, Stempel, Bibelstellen auf Kärtchen

»Könnt ihr einige Banken nennen, die es in unserer Stadt gibt? Wie funktioniert denn ein Bankkonto?«

Du erklärst das Prinzip von Ein- und Auszahlung sowie die Begriffe Guthaben und Zinsen.

Dann liest du Matthäus 6,19-21 vor.

»Wie häufen wir Reichtümer an auf der Erde?«

Durch immer größere Bankkonten und immer mehr Luxusgüter. Gott möchte, dass wir sorgfältig mit unserem Geld umgehen und dabei ihn um seine Meinung fragen und nicht nur uns selbst im Blick haben.

»In der Bibelstelle war die Rede davon, dass wir Schätze im Himmel sammeln sollen. Was bedeutet das? Wie macht man das?«

Teile Kärtchen mit folgenden Bibelstellen darauf aus:

Johannes 3,16 - auf die Rückseite schreibst du: glauben
Matthäus 19,29 - auf Besitz verzichten
Jakobus 1,12 - fest bleiben
Matthäus 5,11-12 - verachtet werden
Matthäus 10,31 - sich zu Jesus bekennen
Matthäus 6,6 - beten
Hebräer 6,10 und Matthäus 25,34-36 - anderen Menschen helfen

Immer wenn eine der Bibelstellen vorgelesen wurde, fragst du nach dem Schatz, der im Himmel einbezahlt werden kann. Diese Begriffe stehen jeweils auf der Rückseite der Kärtchen.

Ein Freiwilliger kann den Begriff jeweils auf ein Einzahlungsformular schreiben. Du kannst das Formular dann noch stempeln und unterschreiben.

Übrigens hat Jesus uns verraten, dass es für die himmlischen Sparguthaben unwahrscheinlich hohe Zinsen gibt. Außerdem können diese Schätze nie wertlos werden.

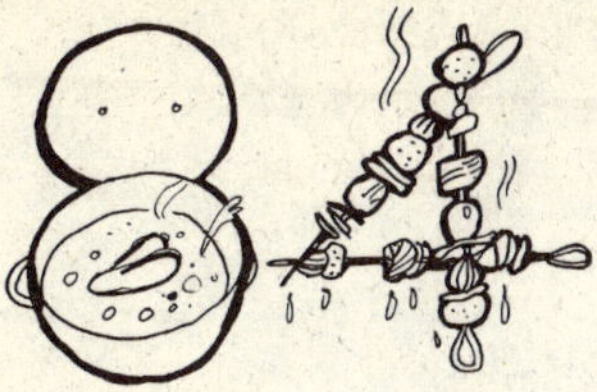

Immer und immer wieder

Biblischer Bezug: Matthäus 18,21-22

Zielgedanke: Anderen zu vergeben ist ungeheuer wichtig.

Material: einige Overhead-Folien und wasserlösliche Stifte

Du legst eine Folie auf den eingeschalteten Projektor und sagst, dass du mit der Vorbereitung noch nicht ganz fertig bist und noch ein Lied aufschreiben willst, das ihr später singen werdet.

Weil du dich verschreibst, nimmst du eine neue Folie und beginnst von vorn. Wieder machst du Fehler oder vergisst Wörter, denn du schreibst unwahrscheinlich schnell. Tu so, als würdest du dich darüber ärgern und murmele, dass dir das Ganze ziemlich peinlich ist. Dieses Spiel setzt du so lange fort, bis die ersten deutlich ungeduldig werden.

»Während ich hier noch einmal einen Versuch starte, kann jemand vielleicht Matthäus 18,21-22 vorlesen.«

Nachdem das geschehen ist, hörst du auf zu schreiben.

»Ist jemand von euch sauer auf mich oder ist jemand wirklich ungeduldig mit mir? Ich bin leider immer noch nicht fertig.«

Wie oft sollen wir nach Jesu Meinung einander vergeben? Jeder von uns ärgert sich von Zeit zu Zeit über andere. Aber weil Gott nicht müde wird, uns zu vergeben, sollen wir anderen auch großzügig und immer wieder vergeben. Egal, ob ihre Fehler groß oder klein sind.

»Wie kann das aussehen, wenn wir einander vergeben?«

Zum Schluss holst du eine vorbereitete Overhead-Folie mit dem Text des Liedes, das du zu Beginn zu schreiben versucht hast. Singt das Lied gemeinsam.

Sei großzügig

Biblischer Bezug: Lukas 8,1-3; Matthäus 25,40; Apostelgeschichte 4,32

Zielgedanke: Gott möchte, dass wir mit unserem Besitz großzügig umgehen.

Material: eine Liste mit Gegenständen, die die Kinder vermutlich dabeihaben (z.B. ein Markstück, Papiertaschentücher, Gürtel, Turnschuhe), evtl. Süßigkeiten als Preis

»Wir spielen zuerst ein Spiel. Ich nenne einen Gegenstand. Wer ihn als erster zu mir nach vorne bringt, erhält einen kleinen Preis.« (Alternative: in zwei Gruppen spielen, die Gruppe erhält einen Punkt.)

In der zweiten Runde sollen sich die melden, die einen der jetzt genannten größeren Gegenstände zu Hause haben, z.B. Computer, Rollerskates, großer Garten, eigenes Zimmer, Haustier, Kassettenrekorder.

Ihr lest gemeinsam Lukas 8,1-3 und du erklärst die Stelle. Wir erfahren nicht, wie diese Frauen Jesus geholfen haben.

»Habt ihr Ideen?«

Sie haben ihm vielleicht ein Zimmer zum Übernachten angeboten, seine Kleider gewaschen oder für Reiseproviant gesorgt. Einige dieser Frauen waren recht wohlhabend.

Einige von uns hier sind auch ziemlich wohlhabend. Jeder von uns hat mehr, als er tatsächlich braucht.

»Wie können wir unseren Besitz Jesus zur Verfügung stellen, obwohl er nun wieder bei Gott im Himmel ist?«

Wir können mit anderen teilen oder sogar Dinge verschenken. Wenn wir das tun, ist es, als ob wir es Jesus selbst geben.

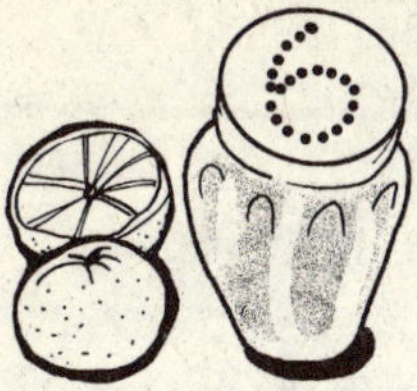

Wer ist wichtiger?

Biblischer Bezug: Jakobus 2,1-9

Zielgedanke: Wir sollen nicht manche Menschen für wichtiger halten als andere.

Material: ein Brief in einem qualitativ hochwertigen Briefumschlag, ein anderer in einem billigen Umschlag, Taschenspiegel und Kamm in der Hosentasche

»Leider hatte ich heute noch keine Zeit, meine Post zu lesen. Dabei ist so ein toller Brief angekommen. Ich bin unheimlich gespannt, was da drin steht. Ihr habt doch nichts dagegen, wenn ich ihn jetzt öffne?«

Du liest den ersten Brief mit großem Erstaunen.

»Der Oberbürgermeister persönlich lädt mich zu einem Empfang ins Rathaus ein. Danach gibt es ein Essen für einige Personen, die Wichtiges geleistet haben – und ich bin dabei! So bin ich ja noch nie geehrt worden.«

Du nimmst den Spiegel aus der Tasche, betrachtest dich darin mit selbstgefälligem Gesichtsausdruck und kämmst dich. Dann öffnest du gelangweilt den zweiten Brief und liest ihn mit wenig begeistertem, eher ärgerlichem Gesichtsausdruck.

»Der ist von meinem früheren Nachbarn. Ich mochte ihn noch nie besonders und wir haben uns jahrelang nicht gesehen. Jetzt heiratet er und lädt mich ein. Trauung in der Dorfkirche mit anschließendem Kaffeetrinken. Und ich soll in der Kirche ein Gebet sprechen.

Das wird mich allein zwei Stunden Autofahrt kosten. Außerdem muss ich dann ein Geschenk kaufen und ich kenne dort überhaupt niemanden.« – Aufschrei! – »O nein, auch das noch! Das ist genau derselbe Termin wie die Einladung des Bürgermeisters.«

Nun fragst du die Kinder, welche Einladung du annehmen sollst und warum. Was würden sie tun an deiner Stelle?

Was würde Jesus tun an deiner Stelle? Warum?

87 Richtig kämpfen

Biblischer Bezug: Epheser 6,11-18

Zielgedanke: Christen kämpfen mit Christus gegen Mächte und Gewalten des Bösen.

Material: eine Plastik-Ritterrüstung oder kleine Plastik-Ritter, runde Pappscheiben, auf denen folgende Worte stehen: Unglaube, Lügen, Verzweiflung, Gewalt, Bosheit

»Spielt jemand von euch gerne Ritter? Die lebten ein gefährliches Leben. Was wisst ihr über sie?«

Wusstet ihr, dass Christen auch kämpfen sollen? Nicht mit Speeren oder Lanzen, auch nicht mit Pistolen und Gewehren. Diese Waffen helfen nämlich nicht gegen die wirklichen Feinde.

Du zeigst die beschrifteten Kartons und klebst sie an eine Tafel oder ähnliches.

»Mit welchen Waffen können wir solche Feinde besiegen? Wie können wir z.B. Unglauben überwinden?«

Die Bibel verrät uns alles über die Waffen Gottes.

Lies Epheser 6,11-18 vor.

»Was bedeutet das nun praktisch?«

Jesus verspricht, dass wir mit ihm zusammen auf jeden Fall siegen werden. Er ist der Sieger, der selbst den letzten Feind, den Tod, besiegt hat.

Lest zusammen 1. Korinther 15,55-57.

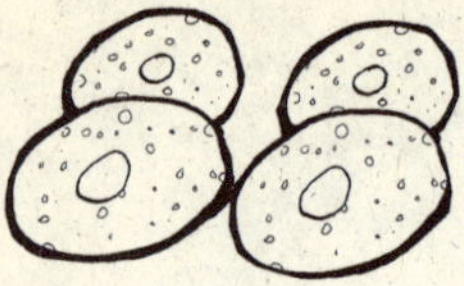

Nicht schlapp machen!

Biblischer Bezug: Matthäus 25,1-13; Galater 6,9

Zielgedanke: Wir brauchen unbedingt Ausdauer und Geduld.

Material: ein Spielzeug zum Aufziehen

Du ziehst das Spielzeug auf und lässt es auf einem Tisch oder auf dem Boden laufen, so, dass jeder es sehen kann. Wenn es abgelaufen ist, ziehst du es wieder auf, vielleicht sogar ein drittes Mal.

»Ganz schön lustig anzuschauen, diese Art von Spielsachen. Aber sie haben ein großes Problem (nicht weiter darauf eingehen) und Christen sind leider auch anfällig für dieses Problem.«

Jesus hat dazu eine Geschichte erzählt.

Erzähle das Gleichnis von den zehn Brautjungfern. Fünf von ihnen ist die Puste bzw. der Sprit ausgegangen. Wir sind von Natur aus so, dass alles sofort, ohne Wartezeit passieren soll. Wir lieben es gar nicht, wenn man für irgendetwas Geduld und Ausdauer braucht.

»Wer von euch hat viel Geduld?«

Aufziehspielzeuge funktionieren immer nur für eine ganz kurze Zeit. Danach ist Ruhe.

Die Mädchen, denen das Öl ausging, waren im entscheidenden Moment nicht dabei. Die anderen, die sich auf eine lange Wartezeit eingestellt hatten, erhielten schließlich ihre Belohnung.

Aufziehmäuse können sich nicht ändern, aber wir können Ausdauer und Geduld trainieren, auch in unserem Leben mit Jesus.

Leitern und Schlangen

Biblischer Bezug: Matthäus 24,13; Apostelgeschichte 14,22

Zielgedanke: Ausdauer ist notwendig, wenn Schwierigkeiten auftauchen.

Material: Den Spielplan vergrößeren und auf Overhead-Folie kopieren; anstelle eines Würfels, der unter die Stühle rollen würde, eine Tüte mit sechs Kärtchen, von 1-6 beschriftet bzw. pro Spielteam eine eigene Tüte; ein Papp-Dreieck und ein Papp-Kreis als Spielfiguren (evtl. für eine dritte Gruppe Stern oder ähnliches).

Die Kinder werden in zwei bis drei Gruppen eingeteilt. Du erklärst, wie der »Würfel« funktioniert (zwei Freiwillige mit den Tüten durch die Reihen schicken) und den Spielverlauf: Kommt eine Gruppe auf ein Feld am Fuß einer Leiter, darf sie hochklettern – kommt sie auf ein Feld mit dem Schwanz einer Schlange, muss sie bis zum Kopf der Schlange zurück und jeweils von dort aus weitergehen.

Dann geht's los. Wenn schnell genug gewürfelt wird, wird es auf dem Spielbrett viel Bewegung geben. Zwischendurch fragst du die Teams in passenden Situationen: »Habt ihr nicht langsam genug? Sollen wir jetzt aufhören?«

Hoffentlich wollen sie weitermachen. Wenn ein Team gewonnen hat, erklärst du, dass das Leben manchmal diesem Spiel ähnelt, mit viel Auf und Ab. Wenn Dinge schief gehen, kann das sehr enttäuschen und wehtun. Es macht keinen Spaß, auf ein Schlangenfeld zu treffen. Trotzdem ist es wichtig, nicht aufzugeben. Wenn wir weitermachen, kommen wir früher oder später über das Feld weg, bei dem wir runtergefallen sind. Vielleicht fallen wir an einer Stelle auch zweimal runter. Aber irgendwann geht's weiter.

Genauso ist es im richtigen Leben. Wenn Enttäuschung und Versagen kommen (und sie werden bestimmt kommen), dürfen wir nicht aufgeben.

Jesus hat nie versprochen, dass unser Leben einfach wird, aber er hat versprochen, dass jeder, der am Ziel ankommt, im Himmel eine großartige Belohnung erhält.

Mein Stammbaum

Biblischer Bezug: 1. Mose/Genesis 13,16; Römer 4,16; Galater 3,7

Zielgedanke: Wenn wir an Jesus glauben, sind wir Nachkommen Abrahams.

Material: Overhead-Projektor oder Tafel

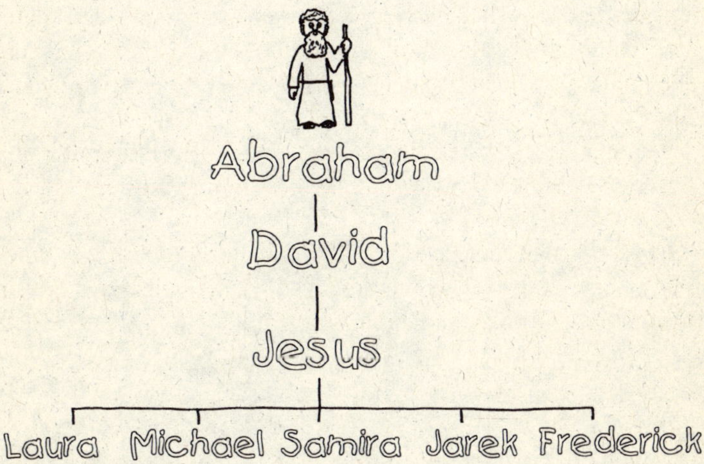

Du erzählst, wie Gott vor etwa 4000 Jahren einen Mann mit Namen Abraham auswählte und ihm versprach, er werde der Vater vieler Völker werden. Lies 1. Mose/Genesis 13,16 vor.

»Wer von euch kann erklären, was ein Stammbaum ist?«

Zeichne ein Beispiel an die Tafel oder auf Folie, während du ein Kind nach dem Namen seiner Vorfahren fragst.

»Wisst ihr, wer in Abrahams Stammbaum vorkommt?«

Zeichne die Skizze auf mit den Namen einiger Anwesender.

Jeder, der an Jesus glaubt, ist ein Nachkomme Abrahams. Lest gemeinsam Galater 3,17 nach. Wir sind durch Jesus mit dem berühmten Abraham verbunden.

Wir werden verwandelt

Biblischer Bezug: 1. Korinther 15,51-52; 1. Thessalonicher 4,15-17; Johannes 11,25; Johannes 5,28

Zielgedanke: Wenn Jesus wiederkommt, werden alle Gläubigen, die gestorben sind, auferstehen und die, die leben, werden einen neuen Körper erhalten.

Material: Große Schmetterlingsflügel aus Karton werden ausgeschnitten, wunderschön angemalt und mit Schlaufen versehen, sodass sie einfach an den Armen und Handgelenken befestigt werden können, ein Zweig mit Blättern (die Flügel müssen griffbereit aber versteckt sein, du solltest dich braun und grün kleiden und, während du zu sprechen beginnst, möglichst eine braune oder grüne Wollmütze aufsetzen).

»Langsam sehe ich aus wie eine richtige Raupe. Kein sehr gutes Gefühl. Ganz schön fett bin ich schon geworden von den vielen Blättern.« (Tu so, als würdest du Blätter fressen.) »Aber eines Tages werde ich in ein wunderschönes Geschöpf verwandelt werden. Es dauert nicht mehr lang!«

»Habt ihr schon einmal darüber nachgedacht, wieso eine Raupe in einen Schmetterling verwandelt wird, obwohl sich die beiden Tiere nicht im Geringsten ähnlich sehen? Wodurch unterscheiden sie sich?«

Uns Christen kann man mit Raupen vergleichen. Die Bibel sagt, dass wir in einem Augenblick verwandelt werden und plötzlich feststellen, dass wir einen völlig neuen Körper haben. Vielleicht können wir dann sogar fliegen, weil wir Jesus entgegengehen, der vom Himmel kommt.

Lest einige der Bibelstellen.

Das klingt unglaublich. Aber ist es unwahrscheinlicher als die Tatsache, dass eine Raupe in einen Schmetterling verwandelt wird?

»Und nun schließt eure Augen.« Falls ein Trompetenspieler zur Hand ist, kann er eine Fanfare blasen, währenddessen schlüpfst du in die Flügel und zeigst dich dem Publikum.

»Ich habe mich verwandelt, wenn auch nur im Spiel. Aber eines Tages, wenn Jesus wiederkommt, wird es wirklich geschehen. Wir werden alle verwandelt werden, selbst die, die bereits gestorben sind.«

Teil

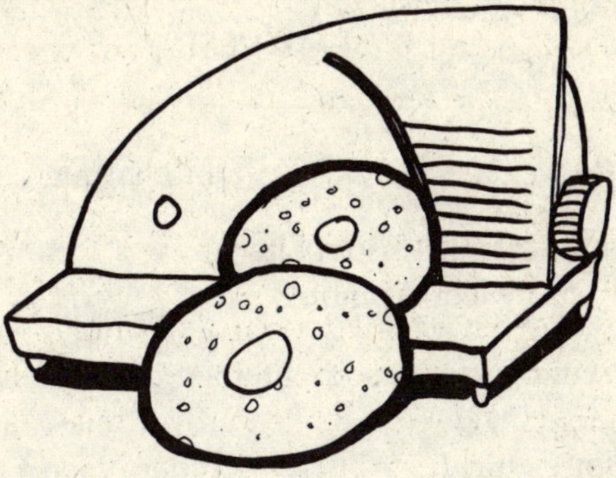

Besondere Tage

92

Warten lohnt sich (Advent)

Biblischer Bezug: Lukas 2,25-32; Offenbarung 22,20

Zielgedanke: Wir feiern »doppelten Advent«: Jesus ist gekommen und er wird wiederkommen.

Material: Fremdwörterlexikon, kleine Süßigkeiten als Preise

Zunächst gibt es für die größeren Kinder einen Fremdwörterquiz. Du nennst jeweils ein Wort (z.B. Error, Hospital, Honorar, Baby, Visum, Bibliothek, Camping, Single, Charakter, Advent) und wer ein passendes deutsches Wort dafür weiß, ruft es laut und erhält einen kleinen Preis.

Falls eine richtige Übersetzung fehlt, lässt du jemanden im Fremdwörterlexikon nachschlagen. Den Begriff »Advent« auf jeden Fall nachschlagen lassen!

»Advent feiern heißt also Ankunft feiern. Wer kommt denn da an?«

Sprecht darüber, warum wir uns heute noch darüber freuen können, dass Jesus angekommen ist.

Viele Menschen haben vor seiner Geburt sehr lange auf ihn, den versprochenen Retter, warten müssen, zum Beispiel Simeon.

Lest gemeinsam Lukas 2,25-32.

»Wir haben es gut. Wir müssen nicht mehr auf Jesu Geburt warten, höchstens noch auf die Geschenke, die es zu Weihnachten gibt, weil Jesus geboren ist. – Oder fällt euch etwas ein, worauf wir noch warten müssen?«

Bitte ein Kind, das letzte Kapitel der Bibel aufzuschlagen und den vorletzten Vers der Bibel vorzulesen (Offenbarung 22,20).

Advent heißt auch: Wir warten darauf, dass Jesus wiederkommen wird und denken in dieser Zeit besonders darüber nach.

Können wir uns irgendwie darauf vorbereiten?

Wir können so mit ihm leben, dass es eine Freude wird, ihm zu begegnen. Und wir können anderen davon erzählen, dass Jesus lebt und tatsächlich wiederkommen wird. Dann werden alle Menschen erkennen, dass er der König der Könige ist.

»Genau, was ich brauche!« (Weihnachten)

Biblischer Bezug: Matthäus 1,21-23

Zielgedanke: Mit Jesus hat Gott uns Menschen genau das richtige Geschenk gemacht.

Material: Eine große Schachtel wird zu einem schönen Geschenk verpackt und mit Geschenkanhänger versehen, auf dessen Vorderseite dein Name steht und auf der Rückseite »von Gott«. In die Schachtel legst du ein großes Stück Papier mit der Aufschrift »Jesus«.

»Wer von euch freut sich auf Weihnachten? Was habt ihr euch gewünscht? Ich bekomme immer nur Sachen geschenkt, die ich gar nicht brauche, zum Beispiel Socken oder Seife. Ich habe eine Schublade voller Socken und kann bald ein Seifenmuseum eröffnen. Manchmal sehen Geschenke ganz interessant aus, aber wenn man sie öffnet, kommt die große Enttäuschung.«

An dieser Stelle muss dir jemand das vorbereitete Paket übergeben. Lies vor, was auf dem Anhänger steht.

»Wenn es einen gibt, der mir schenken kann, was ich mir wirklich wünsche, dann ist das Gott. Er kennt mich in- und auswendig. Bestimmt ist dieses Geschenk etwas ganz Besonderes. Ich bin vielleicht gespannt!«

Nachdem du das Paket geöffnet hast, holst du das Papier heraus. Lies das Wort »Jesus« langsam und bedächtig vor. Dann rufst du völlig begeistert und strahlend etwas wie: »Jesus – für mich persönlich!«

Viele Menschen denken, dass Jesus alles andere als ein aufregendes Geschenk ist. Aber er ist tatsächlich das beste Geschenk, das ein Mensch jemals erhalten kann.

Dafür gibt es zwei Gründe. Zum einen erfahren wir in Matthäus 1,21: »Er wird sein Volk von den Sünden befreien.« Mehr als alles andere brauchen wir jemanden, der uns von unseren Sünden befreit.

Zweitens lesen wir in Matthäus 1,23 über Jesus: »Man wird ihn Immanuel nennen.« Das bedeutet: Gott ist mit uns. Was wir auch ganz dringend brauchen, ist, dass Gott uns immer ganz nah ist. Deshalb ist Jesus genau das richtige Geschenk für jeden von uns. In ihm werden unsere beiden größten Bedürfnisse gestillt: Vergebung und Gemeinschaft mit Gott.

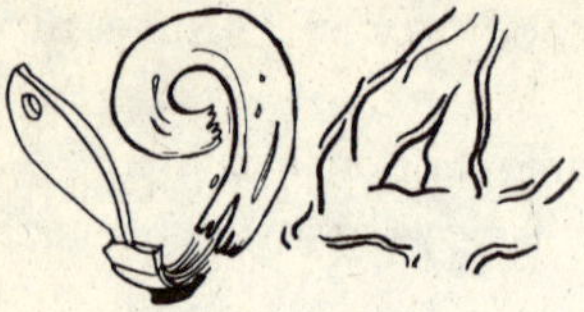

Er kommt (Palmsonntag)

Biblischer Bezug: Matthäus 21,1-11

Zielgedanke: Bei Jesu Einzug in Jerusalem waren die Leute begeistert.

Material: einige Kokosnuss-Schalen bzw. Plastikbecher, Holzlineale, Zeitungspapier, dickes Papier im DIN-A3-Format, dicker Filzstift

Zunächst erzählst du die Geschichte von Jesu Einzug in Jerusalem möglichst anschaulich und unter besonderer Berücksichtigung des Lärms, der dabei entstand.

»Wir werden nun versuchen, den Sound-Track zu dieser Geschichte zu produzieren. Was war denn da alles zu hören?« Die Antworten schreibst du auf die A3-Kartons, zum Beispiel:

- Hufgeklapper (Kokosnuss-Schalen)
- Zweige werden abgerissen (mit Lineal auf Stühle schlagen und Papier zerknüllen)
- Schritte der Menschenmenge
- »Hosianna, dem Sohn Davids!«
- »Gelobt sei Gott!«
- »Heil unserem König!«

Anschließend überlegt ihr gemeinsam, wie die Geräusche produziert werden können. Jeweils eine Gruppe erhält das Schild mit ihrer Aufgabe.

Nun musst du dirigieren, indem du jeweils auf die Gruppe zeigst (manchmal auch auf mehrere gleichzeitig). Das Ganze beginnt mit dem Hufgeklapper und endet mit der Frage: »Wer ist dieser Mann?«, auf die alle zusammen antworten: »Das ist Jesus, der Prophet aus Nazareth in Galiläa!«

Der Wert eines Sklaven (Karfreitag)

Biblischer Bezug: 2. Mose/Exodus 21,32; Matthäus 26,14-16

Zielgedanke: Jesus wurde für 30 Silbermünzen verraten, das war der Wert eines Sklaven.

Material: einige Gegenstände von unterschiedlichem Wert, zum Beispiel ein Bild, Schmuck, ein Spielzeug

»Könnt ihr für jeden dieser Gegenstände einen Preis nennen?«

Bei einigen Dingen müssen die Kinder vermutlich erst eine Weile diskutieren, bevor sie sich auf den Wert einigen können.

»Und nun brauche ich einen gesunden, sportlichen Jungen. – Du sollst als Sklave verkauft werden.«

Sprich mit den Kindern über Sklavenhaltung. Wie viel würde dieser Junge wert sein? Was kostet es, ihn zu ernähren? Kann er gut arbeiten?

Nach 2. Mose/Exodus 21,32 betrug der Wert eines Sklaven 30 Silberstücke. Das war zu der Zeit etwa ein Monatsgehalt. Ein ganz bekannter Mann wurde für 30 Silberstücke verkauft. Wer?

Wie konnte der Sohn Gottes für den Preis eines Sklaven verkauft werden?

Jesus nahm die Stellung der niedrigsten Menschen seiner Zeit ein, als er sein Leben opferte.

Er ist wirklich auferstanden! (Ostersonntag)

Biblischer Bezug: Lukas 24; Johannes 20

Zielgedanke: Jesus ist leibhaftig von den Toten auferstanden.

Material: 2 große Schilder, die mit »möglich« und »unmöglich« beschriftet sind

»Ich werde euch gleich einige Fragen stellen und ihr müsst entscheiden, ob die Antwort ›möglich‹ oder ›unmöglich‹ lautet.«

Zwei Freiwillige halten bitte die Schilder hoch entsprechend der Meinung der Mehrheit der Gruppe. Die Liste fertigst du vorher an, unter Umständen mit Hilfe des Guinessbuch der Rekorde.

Hier einige Beispiele:

Kann ein Fisch außerhalb des Wassers leben?

Ist es möglich, dass jemand jünger statt älter wird?

Kann ein Mensch mit zehn D-Mark Startkapital Millionär werden?

Kann der menschliche Kopf um 360 Grad gedreht werden?

Die letzte Frage lautet: Kann ein Toter wieder lebendig werden?

Gott hat das Unmögliche getan, als er Jesus von den Toten auferweckte.

»Wer von euch glaubt das? Lasst uns dieses großartige Ereignis mal ganz laut bekannt geben. Ich spreche es vor und ihr sprecht nach, so laut ihr könnt: ›Jesus ist auferstanden. Halleluja!‹«

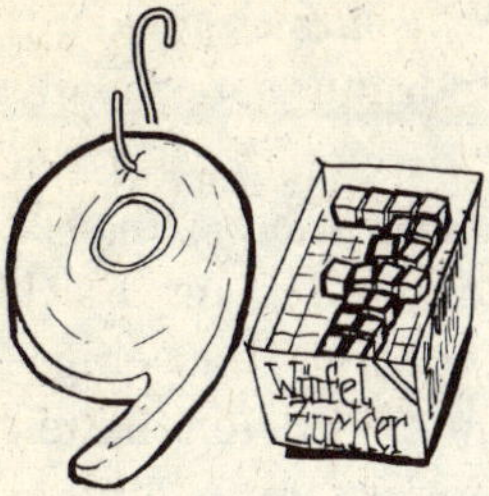

Perfektes Timing (Erntedank)

Biblischer Bezug: Psalm 104; 1. Mose/Genesis 1,12; 8,22

Zielgedanke: Gott hat die Pflanzenwelt mit phantastischer Genauigkeit und Kunstfertigkeit geschaffen.

Material: ein Apfel, eine Uhr, ein Plakat, auf dem das Wort »Photoperiodismus« steht

Du hältst den Apfel hoch und fragst, ob jemand einen Apfelbaum im Garten hat.

»Wann blühen Apfelbäume? Es ist entscheidend wichtig, dass Bäume im Frühling blühen, denn dann gibt es Insekten, die sie bestäuben. Die Früchte können danach in den warmen Sommermonaten wachsen. Aber woher wissen Bäume, dass der Frühling da ist? Sie irren sich nie. Gott hat jeden Baum mit einer inneren Uhr ausgestattet. Keine Uhr wie die, die wir tragen oder aufhängen, eher ein mikroskopisch kleines Computerprogramm. Erstaunlicherweise nimmt der Baum die hellen Stunden des Tages genau wahr. Er zählt diese Tageslichtstunden auf ein paar Minuten genau. Wenn eine bestimmte Länge des Tages erreicht ist, befehlen winzige Zellen dem Baum, mit dem Blütentreiben zu beginnen. Diese Fähigkeit der Pflanzen, auf die Dauer des Tageslichts zu reagieren, hat einen komplizierten Namen.«

Halte das Plakat hoch.

»Wer kann das lesen? Wir üben das Wort einfach mal zum Spaß. Was wäre, wenn es keinen Photoperiodismus gäbe? Dann gäbe es auch keine Ernte.«

Lies 1. Mose/Genesis 8,22 vor. Gott hat entschieden, dass es Jahreszeiten geben soll, und er sorgt dafür, dass die Pflanzen sich an seine Regeln halten. Deshalb hat er ihnen die »Uhr« eingepflanzt. Wenn die Jahreszeiten durcheinander gerieten, hätten wir großes Chaos und enorme Probleme mit unserer Nahrung.

Anschließend kannst du Psalm 104 in Auszügen vorlesen lassen.

Die »Baby-Botschaft« (Taufe oder Segnung eines Kindes)

Biblischer Bezug: Psalm 8,3

Zielgedanke: Jedes neugeborene Baby zeigt die Größe Gottes.

Material: –

Neugeborene Babys können Botschaften überbringen. Wie geht das, wenn sie noch nicht sprechen können? Wie sprechen Babys? Sie schreien. Was sagen sie uns, wenn sie schreien? »Ich habe Hunger«, oder: »Ich habe Bauchweh«, oder: »Ich möchte zu Mama.«

In der Bibel erfahren wir, dass ihr Schreien noch eine ganz andere Botschaft beinhaltet. Schaut in Psalm 8, Vers 3 nach. Der Krach, den sie machen, ist Lob Gottes. Komisch, oder? Was bedeutet das?

Wenn ein Baby schreit, lebt es. Jedes neue Leben ist ein Wunder der Schöpfung Gottes. Deshalb ist der Schrei jedes neugeborenen Babys ein Lob der Größe Gottes.

Schreit ruhig, ihr Babys, und erinnert uns so daran, dass Gott, unser großartiger Schöpfer, uns alle wunderbar gemacht hat!

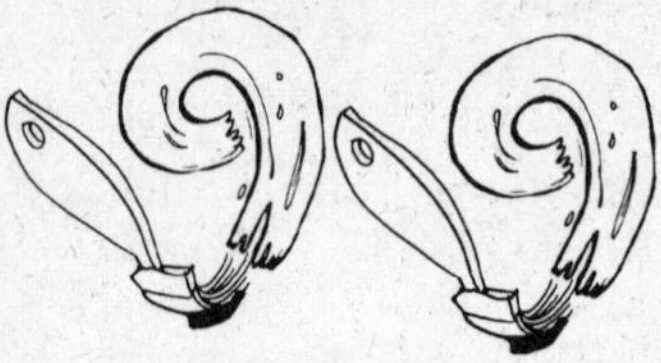

Kann Gott uns vergessen? (Muttertag)

Biblischer Bezug: Jesaja 49,14-16

Zielgedanke: Gott liebt seine Menschen mehr als Mütter ihre Kinder lieben.

Material: –

Im Gottesdienst bittest du einige Mütter nach vorne und interviewst sie mit Fragen wie diesen:

Wie viele Kinder haben Sie?

Denken Sie ständig an Ihre Kinder?

Halten Sie es für möglich, eins ihrer Kinder einmal zu vergessen?

Lieben Sie Ihre Enkel genauso wie Ihre Kinder?

Hat das Mutterwerden Sie verändert?

Wie haben Sie gelernt, Ihre Kinder zu lieben?

Gibt es Situationen, in denen es schwerer ist, ein Kind zu lieben?

Wie fühlen Sie sich, wenn Ihr Kind sich schlecht benimmt?

Bitte noch jemanden die oben genannte Bibelstelle vorzulesen und vergleiche Gottes Liebe mit der Liebe dieser Mütter.

BIBELSTELLENREGISTER

AT
1. Mose 1,1 S. 30
1. Mose 1,12 S. 139-140
1. Mose 3 S. 58
1. Mose 8,22 S. 139-140
1. Mose 13,16 S. 127-128
2. Mose 21,32 S. 137
2. Mose 25,8 S. 89
2. Mose 40,34-35 S. 89
1. Samuel 16,7 S. 10
1. Könige 6,1; 8,10-11 S. 90
Psalm 1,3 S. 105
Psalm 8,3 S. 141
Psalm 19,1-4 S. 8, 12-13
Psalm 33,1-4 S. 34-35, 46
Psalm 47 S. 45, 46
Psalm 49 S. 23
Psalm 51,3-5 S. 71
Psalm 81,2-4 S. 46
Psalm 104 S. 139-140
Psalm 104,24 S. 30-31
Psalm 133 S. 94-95
Psalm 139 S. 33
Psalm 147,4-5 S. 32
Prediger 3,1-8 S. 44
Jesaja 1,18 S. 58
Jesaja 30,21 S. 74
Jesaja 40,8 S. 79
Jesaja 40,9-11 S. 42
Jesaja 40,26 S. 32
Jesaja 40,21-26; 41,4 S. 40-41
Jesaja 49,14-16 S. 142
Jesaja 59,21 S. 76
Jesaja 64,5 S. 18-19
Hesekiel 3,1-2 S. 80

NT
Matthäus 1,21-23 S. 134-135
Matthäus 1,23 S. 91
Matthäus 5,14-16 S. 67
Matthäus 6,19-21 S. 117-118
Matthäus 6,24 S. 14
Matthäus 7,24-27 S. 84
Matthäus 10,19-20+32 S. 110
Matthäus 10,29 S. 28-29
Matthäus 11,28 S. 52
Matthäus 12,46-50 S. 109
Matthäus 13,44-46 S. 21-22, 51
Matthäus 18,20 S. 92
Matthäus 18,21-22 S. 119
Matthäus 20,1-15 S. 112
Matthäus 21,1-11 S. 136
Matthäus 23,27 S. 10
Matthäus 24,13 S. 125-126
Matthäus 25,1-13 S. 124
Matthäus 25,40 S. 116, 120
Matthäus 26,14-16 S. 137
Markus 2,17 S. 55
Markus 4,26-29 S. 9
Markus 8,34 S. 21-22
Markus 10,13-16 S. 53-54
Markus 13,1-2;31 S. 79
Lukas 2,25-32 S. 132-133
Lukas 5,1-11 S. 68-69
Lukas 6,38 S. 114
Lukas 7,47 S. 56-57
Lukas 8,1-3 S. 120
Lukas 8,5-15 S. 11
Lukas 10,20 S. 111
Lukas 10,27 S. 18-19
Lukas 11,13 S. 67
Lukas 12,6 S. 36
Lukas 12,7 S. 39
Lukas 15,1-10 S. 16-17
Lukas 18,9-14 S. 15
Lukas 18,24-30 S. 14
Lukas 19,1-10 S. 103-104
Lukas 21,1-4 S. 114
Lukas 22,24-27 S. 113
Lukas 24 S. 138
Johannes 2,21 S. 91
Johannes 4,34 S. 59
Johannes 5,28 S. 129-130
Johannes 6,28-29 S. 102
Johannes 6,37 S. 52
Johannes 8,12 S. 50

Johannes 11,25 S. 23, 129-130
Johannes 13,1-17 S. 113
Johannes 14,2-3 S. 24-25
Johannes 14,6 S. 49
Johannes 14,8-20 S. 27, 48
Johannes 14,16 S. 64
Johannes 16,8 S. 71
Johannes 16,13-14 S. 74
Johannes 17,11+20-23 S. 94-95
Johannes 18,39-40 S. 60-61
Johannes 19,28-30 S. 59
Johannes 20 S. 138
Apostelgeschichte 1,8 S. 70
Apostelgeschichte 1,11 S. 62
Apostelgeschichte 2,2-4 S. 92
Apostelgeschichte 2,38-39 S. 67
Apostelgeschichte 4,32 S. 120
Apostelgeschichte 5,17-21 S. 97-98
Apostelgeschichte 10,34 S. 37
Apostelgeschichte 14,22 S. 125-126
Apostelgeschichte 16,7 S. 64
Römer 1,20 S. 8, 26
Römer 3,23 S. 15, 18-19, 56-57
Römer 3,28 S. 100-101
Römer 4,16 S. 127-128
Römer 8,1-8 S. 65
Römer 8,15-16 S. 43, 107-108
Römer 8,19.22.23 S. 62
1. Korinther 1,26-28 S. 38
1. Korinther 3,16 S. 92
1. Korinther 10,31 S. 116
1. Korinther 12,5-6+27 S. 93
1. Korinther 12,12(-31) S. 88, (96)
1. Korinther 15,51-52 S. 129-130
2. Korinther 1,2-4 S. 115
2. Korinther 3,18 S. 72-73
2. Korinther 4,3-6 S. 50
2. Korinther 4,7 S. 66
2. Korinther 5,17 S. 20
Galater 3,7 S. 127-128
Galater 5,22 S. 72-73
Galater 6,9 S. 124
Epheser 2,22 S. 92
Epheser 3,17 S. 105
Epheser 4,17-18 S. 50
Epheser 6,11-18 S. 123
Philipper 1,6 S. 9
Kolosser 1,15 S. 48
Kolosser 2,7 S. 105
Kolosser 3,17 S. 116
1. Thessalonicher 4,16-17 S. 62, 129-130
1. Timotheus 1,17 S. 26
2. Timotheus 3,16 S. 77-78, 81-82, 83, 84, 85-86
1. Petrus 1,5b-6 S. 111
1. Petrus 4,10 S. 93
1. Petrus 4,12-16 S. 97-98
2. Petrus 1,20 S. 76
1. Johannes 1,5 S. 50
1. Johannes 1,8-9, (8-10) S. 71, (106)
Hebräer 1,1-2; 3,7 S. 12
Hebräer 1,3 S. 48
Hebräer 2,11 S. 109
Hebräer 10,10 S. 58
Hebräer 11,6 S. 102
Hebräer 13,3 S. 97-98
Jakobus 2,1-9 S. 121-122
Jakobus 2,14-17 S. 115
Offenbarung 4; 7,9-14 S. 24-25
Offenbarung 7,9 S. 88
Offenbarung 10,9-10 S. 80
Offenbarung 21,1-4 S. 24-25
Offenbarung 22,20 S. 132-133